HASSO HOFMANN

Legitimität und Rechtsgeltung

Schriften zur Rechtstheorie

Heft 64

Legitimität und Rechtsgeltung

Verfassungstheoretische Bemerkungen zu einem Problem
der Staatslehre und der Rechtsphilosophie

Von

Hasso Hofmann

o. Professor an der Universität Würzburg

DUNCKER & HUMBLOT / BERLIN

CIP-Kurztitelaufnahme der Deutschen Bibliothek

Hofmann, Hasso

Legitimität und Rechtsgeltung: verfassungstheoret. Bemerkungen zu e. Problem d. Staatslehre u. d. Rechtsphilosophie. — 1. Aufl. — Berlin: Duncker und Humblot, 1977.
 (Schriften zur Rechtstheorie; H. 64)
 ISBN 3-428-03911-4

Alle Rechte vorbehalten
© 1977 Duncker & Humblot, Berlin 41
Gedruckt 1977 bei Buchdruckerei Bruno Luck, Berlin 65
Printed in Germany
ISBN 3 428 03911 4

*Meiner Mutter
und dem Andenken
meines Vaters*

Vorwort

Die nachfolgende Schrift geht auf einen Vortrag zurück, den der Verfasser am 6. Juni 1975 in Würzburg und am 19. Dezember 1975 in Frankfurt am Main gehalten hat. Für die Veröffentlichung ist der Text überarbeitet und stellenweise ergänzt sowie mit Belegen und weiterführenden Hinweisen versehen worden. Anlage, Gedankenführung und Thesen des Vortrags sind jedoch unverändert geblieben.

Uttenreuth, im August 1976   *H. H.*

Inhaltsübersicht

I. Das historische Profil des Problems und die systematische Frage 11

   1. Das Legitimitätsproblem 11

   2. Das Problem der Rechtsgeltung 24

   3. Die systematische Frage 29

II. Theoretische Hauptpositionen 32

   1. Philosophie der Rechtsgeltung 32

   2. Verfassungsstaatliche Legitimität 47

III. Rechtsgeltung im demokratischen Verfassungsstaat 53

   1. Gesetz und Verfassung 53

   2. Die Legitimität der demokratischen Verfassung und die Rechtsgeltungslehren 60

IV. Ausblick 78

   1. Legitimitätsvermittlung durch Gesetz 78

   2. Mehrheitsentscheidung und Konsensprinzip 87

Literaturverzeichnis 91

Namenverzeichnis 98

Das historische Profil des Problems und die systematische Frage

1. Das Legitimitätsproblem

Wenn hier von Legitimität die Rede ist, so meine ich damit fürs erste — einem verbreiteten Sprachgebrauch folgend und ohne mich auf begriffsgeschichtliche Erörterungen einzulassen[1] — die Rechtfertigung staatlicher Hoheitsakte und darüber hinaus die Rechtfertigung der staatlichen Herrschaftsordnung im ganzen aus einem einzigen, letzten und — jedenfalls dem Anspruch nach — allgemeinverbindlichen Prinzip[2]. So verstanden ist das Problem der Legitimität oder der Legitimation, d. h. des reflektierenden Aufweises solcher letzten Verbindlichkeitsgründe staatlicher Herrschaft und ihrer Hoheitsakte ein Problem allein der Neuzeit, eine Grundfrage, die so erst mit der Heraufkunft des modernen Staates aus den sozialen und wirtschaftlichen Veränderungen des Spätmittelalters, dem Niedergang des Reiches, den blutigen Wirren der Glaubensspaltung und dem Gewinn überseeischer Besitzungen verbunden ist. Erst mit dem Staat der Neuzeit, dieser in eigentümlicher Art versachlichten Form politischer Herrschaft erscheinen — charakteristischerweise in der Mehrzahl — ausformulierte Legitimitätsprinzipien, wie das barocke Gottesgnadentum, die vernunftrechtliche Theorie vom Gesellschafts- und Herrschaftsvertrag, das monarchische Prinzip und die Volkssouveränität, die physiokratischen Naturgesetze der Gesellschaft, der Gedanke der Nation und ihrer Einheit

---

[1] Zur Geschichte des Legitimitätsbegriffs vgl. vom *Verf.*: Art. Legalität/Legitimität, in: Historisches Wörterbuch der Philosophie, hrsgg. v. *Joachim Ritter*, Basel/Stuttgart, Bd. 5 (erscheint demnächst), und ausführlich *Thomas Würtenberger jun.*: Die Legitimität staatlicher Herrschaft — Eine staatsrechtlich-politische Begriffsgeschichte (Schriften z. Verfassungsgesch. 20), Berlin 1973. Siehe ferner die Beiträge von *Janine Chanteur, Claude Polin, Jean-François Suter, Pierre Arnaud* und *Jean-Jacques Chevallier* über *Bodin, Burke, Constant, Comte* und *Ferrero* in: L'idée de légitimité (= Annales de philosophie politique 7), ed. Institut international de philosophie politique, Paris 1967.

[2] Vgl. *Hermann Heller*: Staatslehre, Leiden 1934, S. 221; *Johannes Winckelmann*: Die verfassungsrechtliche Unterscheidung von Legitimität und Legalität, ZgesStW 112 (1956), S. 164 - 175 (172 f.); *Friedrich August Frhr. von der Heydte*: Art. Legitimität, Staatslexikon der Görres-Gesellschaft, 6. Aufl., 5. Bd. (Freiburg i. Br. 1960), Sp. 333 - 335 (333); *Alexandre Passerin d'Entrèves*: Légalité et légitimité, in: L'idée de légitimité (N. 1), S. 29 - 41; *Georg Geismann*: Ethik und Herrschaftsordnung — Ein Beitrag zur Legitimation (Die Einheit der Gesellschaftswissenschaften 14), Tübingen 1974, S. 3 ff.

oder auch das *Guizotsche* Postulat der Übereinstimmung mit der ewigen Vernunft. Und in dieser ihrer Vielzahl treten sie dann zwangsläufig miteinander in Konkurrenz. Erst nachchristliche „Vergewisserung des Einzelnen im Horizont der Weltlichkeit ... begründet den Punkt, von dem aus Herrschaft auf ihre Berechtigung hin gefragt werden kann", in jener Kategorie, in welcher sich das Selbstbewußtsein des modernen Menschen politisch als Macht begreift — eben der der Legitimität[3].

Gewiß: Schon die klassische politische Philosophie der Antike operierte selbstverständlich mit der Unterscheidung von gerechter und ungerechter Herrschaft und diskutierte das Phänomen der Tyrannei. Und die Frage der Legitimität der Erbfolge spielte zu allen Zeiten dynastischer Herrschaft ganz natürlich eine zentrale Rolle. Aber: Als gerecht galt den Alten vornehmlich eine gut beratene Herrschaft, welche die Gesetze respektiert. Wichtig war also die Einhaltung von Beratungsprozeduren und die Garantie von Legalität, wie wir sagen würden (aber ohne spezifischen Bezug solcher Legalität zu einer bestimmten Staatsform), während die Frage nach Herkunft und Grund der Herrschaft als geschichtlich zufällig einer auf die bleibende Natur der Dinge gerichteten Philosophie nebensächlich schien[4]. So ist das Kriterium, nach dem *Platon* von den traditionellen drei Staatsformen deren Entartungsformen unterscheidet, das der *Gesetzestreue*[5] — eine ethische Kategorie übrigens, wie ja überhaupt die Frage nach der Gerechtigkeit der Herrschaft allemal eingebunden ist in die der Moderne fremd gewordene Frage nach der besten, d. h. der im Blick auf das sittliche Ziel des Menschen besten Verfassung[6].

---

[3] *Friedrich Jonas:* Sozialphilosophie der industriellen Arbeitswelt (Soziolog. Gegenwartsfragen NF), Stuttgart 1960, S. 69 f.

[4] So läuft *Xenophons* Dialog *Hieron* über die Tyrannis auf die These hinaus, daß es entscheidend darauf ankomme, ob die Herrschenden gut beraten sind, und nicht darauf, wie sie zur Macht kamen, weil ja auch die gesetzmäßige Wahl der Magistrate noch keine gute Politik verbürge. Siehe dazu *Leo Strauss:* On Tyranny. An Interpretation of Xenophon's Hiero (NY 1948), dt. u. d. T.: Über Tyrannis — Eine Interpretation von Xenophons „Hieron" mit einem Essay über Tyrannis und Weisheit von *Alexandre Kojève* (POLITICA 10), Neuwied a. Rh. und Berlin 1963, S. 89 ff., 136. Vgl. auch *Platons* Politikos 293 c 5 - e 5. Über die Tyrannislehre in der aristotelischen „Politik", nach der die Tyrannis eine die Gesetze mißachtende, hinsichtlich des öffentlichen Wohls schlecht oder gar nicht beratene Herrschaft ist, welche es dem guten Bürger unmöglich macht, als guter Mensch zu leben, und mit der Eintracht die Basis politischen Lebens in dessen sittlicher Bedeutung zerstört: *Hella Mandt:* Tyrannislehre und Widerstandsrecht — Studien zur deutschen politischen Theorie des 19. Jahrhunderts (POLITICA 36), Darmstadt und Neuwied 1974, S. 31 - 62. — Zu dem andersartigen Fragehorizont im ganzen *Karl Löwith:* Mensch und Geschichte, in: Ges. Abhandlungen, Stuttgart 1960, S. 152 - 178.

[5] Politikos 300 a - 301 c 5, 302 b 4 - 303 b 6.

[6] Und diese für das vollkommenste Leben, die vollständige Verwirklichung aller Möglichkeiten der menschlichen Natur beste Verfassung ist *eine:* „bloß"

Nun hat zwar *M. Riedel* jüngst von „Aristoteles und dem Anfang der politischen Legitimationstheorie" gehandelt[7], aber doch nur gezeigt, daß von einer solchen Theorie bei *Aristoteles* wegen der fraglos vorausgesetzten (und zwar — wegen der mangelnden Kraft des höchsten Ziels sittlich guten Lebens, Zwang zu rechtfertigen — *notwendig* vorausgesetzten) naturwüchsigen Einheit von politischer Gesellschaft und Herrschaft in der πολιτική κοινωνία[8] keine Rede sein kann. War ja auch die in der Sophistik akut gewordene „Legitimitätskrise", welcher *Aristoteles* sich gegenüber sah und auf die er mit seiner Entelechie der Polis antwortete, Krise des Ethos der Vätersitte, also Krise der Orientierung der politischen Befehlsgewalt, nicht aber Krise der politischen Befehlsgewalt als solcher[9]. Sie gründet in der Polis, und die Polis ist der Ort, „aus dem der Einzelne seine Herkunft ableitet", und mitnichten umgekehrt ein Produkt menschlicher Willensentscheidung[10]. Legitimität aber „reflektiert immer auf Wille; wo dieser fehlt, fehlt auch die Voraussetzung für Legitimität"[11]. Was bleibt, ist „das historisch-empirische Interesse an den positiven Verfassungen, die unter Verzicht auf die sie begründende oder rechtfertigende Theorie von Aristoteles als eine Art Naturgeschichte der Herrschaftsformen abgehandelt werden"[12]. Als *Rechtsfrage* — und das ist der springende Punkt — wird die Frage der Rechtfertigung von Herrschaft — wie *Riedel* selbst mit Recht betont — eben erst im 17. Jahrhundert gestellt und mit der Vertragslehre beantwortet[13]. Wenn *R. Polin* die auch nach seiner Meinung ungriechische Legitimitätsfrage mit der Ausbildung repräsentativer Herrschaftsstrukturen verknüpft[14], so ist dem (nur) im Hinblick auf die Schlüsselrolle jener Konstruktion einer repräsentativen Staatsperson bei *Hobbes* zuzustimmen[15].

In jener teleologisch bestimmten, vom sittlichen Endzweck her durchstimmten, Ethik, Rechtsphilosophie, Ökonomie und Politik umfassen-

---

gerechte Herrschaftsordnungen aber gibt es je nach den unterschiedlichen Umständen für die antike Philosophie viele. Vgl. dazu Leo Strauss: Natural Right and History, Chicago 1953, dt. u. d. T.: Naturrecht und Geschichte, Stuttgart 1956, S. 130 ff.; ders.: The City and Man, Chicago 1964, S. 48 f., 93 ff., 106 ff., 237 f.; Joachim Ritter: ‚Politik' und ‚Ethik' in der praktischen Philosophie des Aristoteles (1967), in *ders.*: Metaphysik und Politik, Frankfurt a. M. 1969, S. 106 - 132 (126 ff.).

[7] *Manfred Riedel*: Herrschaft und Gesellschaft — Zum Legitimationsproblem des Politischen in der Philosophie, in: Rehabilitierung der praktischen Philosophie, hrsgg. v. *dems.*, Bd. 2, Freiburg 1974, S. 235 - 258 (238 ff.).

[8] Dazu eindringlich *J. Ritter*, ‚Politik' und ‚Ethik' in der praktischen Philosophie des Aristoteles, a.a.O (N. 6).

[9] *Ritter* ebd. S. 120.

[10] *Jonas*, Sozialphilosophie, S. 69 f.

[11] *Jochen Bleicken*: Staatliche Ordnung und Freiheit in der römischen Republik (Frankfurter Althist. Studien 6), Kallmünz Opf. 1972, S. 87. Den Hinweis auf diese Stelle verdanke ich *Professor Dr. Jürgen Baron Pürkel v. Ungern-Sternberg*, Essen.

[12] *Riedel* a.a.O. (N. 7) S. 241.

[13] Ebd. S. 238, 242 f.

[14] *Raymond Polin*: Analyse philosophique de l'idée de légitimité, in: L'idée de légitimité (N. 1), S. 17 - 28.

[15] Vgl. dazu vom *Verf.*: Repräsentation — Studien zur Wort- und Begriffsgeschichte von der Antike bis ins 19. Jahrhundert (Schriften z. Verfassungsgesch. 22), Berlin 1974, S. 382 ff.

den Einheit praktischer Philosophie, in dieser allgemeinen Theorie menschlichen Handelns als menschlichen Lebensvollzugs, wie sie von *Aristoteles* über *Thomas* bis zum Voluntarismus der Spätscholastik[16] und darüber hinaus bis *Suarez* die Jahrhunderte überspannt[17] — in dieser „Lehre von der Verwirklichung der metaphysischen, in das Sein als Weltordnung gestellten Vernunftnatur des Menschen"[18] ist weder Grund noch Raum für die von den ethischen Bezügen abgelöste Frage nach einem aller Herrschaftsausübung vorauffliegenden Prinzip ihrer Verbindlichkeit[19]. Und das um so weniger, als die erwähnten Fragen

---

[16] Mit und nach *Ockham* ändert sich in der Unterscheidung zwischen *legitima potestas* und Tyrannei insofern etwas, als das Kriterium der ethischen Qualität der Herrschaft durch den Gesichtspunkt der Ableitung der Herrschaft von Gott in den Hintergrund gedrängt wird mit der Folge, daß die (niemals ganz übersehene) Bedeutung der zwischengeschalteten menschlichen Akte (Wahl, Konsens) in den Mittelpunkt rückt: Bezeichnen sie nur die dann unmittelbar von Gott mit dem Recht der Herrschaft begnadete Person (sog. Designationstheorie) oder wird mit ihnen Macht übertragen? Vgl. *Wilhelm von Ockham*: Breviloquium de principatu tyrannico, hrsgg. v. *Richard Scholz* (Schriften des Reichsinstituts für ältere deutsche Geschichtskunde [Monumenta Germaniae historica] 8), Leipzig 1944, S. 144 ff.

[17] Aus Gründen, auf die ich später im Text zu sprechen komme, übergehe ich hier die neuzeitliche Erneuerung und Fortführung dieser alten Lehrtradition praktischer Philosophie in der aristotelischen Schulphilosophie der deutschen Universitäten bis hin zu *Christian Wolffs* „philosophia practica universalis" aus der Mitte des 18. Jahrhunderts. Vgl. dazu *Peter Petersen*: Geschichte der aristotelischen Philosophie im protestantischen Deutschland, Leipzig 1921; *Karl Eschweiler*: Philosophie der spanischen Spätscholastik auf den deutschen Universitäten des siebzehnten Jahrhunderts, in: Gesammelte Aufsätze zur Kulturgeschichte Spaniens — Erste Reihe, hrsgg. v. *Heinrich Finke* (Span. Forsch. d. Görresgesellschaft I/1), Münster i. W. 1928, S. 251 - 325, *Max Wundt*: Die deutsche Schulmetaphysik des 17. Jahrhunderts (Heidelberger Abh. z. Philosophie und ihrer Gesch. 29), Tübingen 1939; *Hans Maier*: Die ältere deutsche Staats- und Verwaltungslehre (Polizeiwissenschaft) (POLITICA 13), Neuwied a. Rh. und Berlin 1966, S. 199 ff.; *ders.*: Ältere deutsche Staatslehre und westliche politische Tradition (Recht und Staat 321), Tübingen 1966, S. 7 ff.

[18] *Joachim Ritter*: ‚Naturrecht' bei Aristoteles — Zum Problem einer Erneuerung des Naturrechts (1963), jetzt in *ders.*: Metaphysik und Politik, Frankfurt a. M. 1969, S. 133 - 179 (139).

[19] *Ritter* zeigt (ebd. S. 160 ff., 166 ff.), daß es für *Aristoteles* in der Polis ein besonderes Rechtsprinzip so wenig gibt wie eine vom Ethos gelöste Gesetzgebung: „Die Normen, auf die sich Verfassung wie geschriebenes Gesetz gründen, sind ihnen in und mit den Normen des vielfältigen ›ethisch Rechten‹ in der gleichen Weise vorgegeben wie diese auch die Tugenden des individuellen Handelns begründen. *Satzungsnormen sind ethische Normen*. Daher kann es für Aristoteles keine Trennung von Sollen und Sein, von Moralität und Legalität geben, wie es ihm ebenso fremd bleiben muß, politische Ordnung auf ein für sich bestehendes, wiederum politisches Prinzip, Rechtsordnungen auf ein für sich gesetztes, wiederum vom Recht her definiertes Prinzip zurückzuführen. Recht wie Verfassung haben keine Selbständigkeit. Sie ordnen ein in sich bereits ethisch in Sitte und Gewohnheit verfaßtes (und nicht ein noch ordnungs- und bestimmungsloses) Leben nach Normen, die nicht erst durch den Gesetzgeber gesetzt werden, sondern ihm ›ethisch‹ vorgegeben sind." (S. 163). Vgl. auch *Julius Ebbinghaus*: Die

1. Das Legitimitätsproblem

der Legitimität dynastischer Erbfolge ja das Recht der Herrschaft als solcher, namentlich der rechtgläubigen, nicht berühren, sondern es vielmehr voraussetzen[20]. Aber auch dort, wo Wahlrecht gilt statt Geblütsrecht, steht ein rechtfertigender Grund von Herrschaft nicht zur Diskussion, solange die aus der stoischen Philosophie tradierte und im mittelalterlichen Korporationsrecht ausgearbeitete Vorstellung von der natürlichen Ordnung des politischen Körpers nach Haupt und Gliedern mit ihren je eigenen Rechten und Pflichten selbstverständliche Vorstellung ist[21] und die aristotelisch-thomistische Tradition den Gedanken des Herrschaftsvertrages in die Vorstellung naturwüchsiger Einheit von Gemeinwesen und Herrschaft einbindet[22]. Am ehesten noch könnte man vielleicht die um die *translatio imperii*, um die Übertragung des Kaisertums von seinen antiken Trägern auf das Fränkische Reich und dessen Erneuerer sowie um die Zweischwerterlehre kreisende mittelalterliche Lehre vom *Reich* eine Art vormoderne traditionale Legitimitätstheorie nennen, insofern es in ihrem von der aristotelischen Politik eben nicht getragenen Universalismus von *Dante* über *Lupold von Bebenburg* und *Ockham* bis *Peter von Andlau* um die Begründung der kaiserlichen Oberhoheit als solcher ging[23]. Indessen stand hier letztlich „nur" *auctoritas*,

---

Idee des Rechts (1938), in ders.: Gesammelte Aufsätze, Vorträge und Reden, Darmstadt 1968, S. 274 - 331 (279, 286); *Otfried Höffe:* Praktische Philosophie — Das Modell des Aristoteles (Epimeleia 18), München u. Salzburg 1971, S. 48 ff., und jetzt umfassend *Günther Bien:* Die Grundlegung der politischen Philosophie bei Aristoteles, Freiburg/München 1973.

[20] „Denn wenn ein christlicher Herrscher abtrünnig würde, würde er sicherlich aus diesem Grunde all der öffentlichen Gewalt enthoben werden, wie es Recht ist. Deshalb ist es ein Hindernis für die Übernahme legitimer Herrschaftsgewalt, wenn er ungläubig ist." So referiert noch *Franciscus de Vitoria*, der dann aber das daraus gefolgerte Recht christlicher Herrscher auf die Unterwerfung Ungläubiger im Blick auf die Völker der Neuen Welt mit der Feststellung mutig bestreitet, daß es auch unter den Heiden von Natur aus genau so legitime Fürsten gäbe: Relectio de potestate civili (1528), in ders.: Relectiones morales, Frankfurt 1696, Bd. I, S. 180 - 223 (Nr. 9); auszugsweise Übers. des Verf. in: Der Herrschaftsvertrag, hrsgg. v. *Alfred Voigt* (POLITICA 16), Neuwied a. Rh. 1965, S. 86 - 92 (89).

[21] Vgl. *Hofmann*, Repräsentation, Berlin 1974, passim. Darüber, daß auch Wahlakte sich durchaus in „numinose Legitimität" einfügen können, *Dolf Sternberger:* Grund und Abgrund der Macht — Kritik der Rechtmäßigkeit heutiger Regierungen, Frankfurt a. M. 1962, S. 22.

[22] Vgl. *Thomas von Aquin:* De regimine principum, lib. I c. 1: ... *sicut et corpus hominis et cujuslibet animalis deflueret, nisi esset aliqua vis regitiva communis in corpore, quae ad bonum commune omnium membrorum intenderet* (Ed. J. Mathis, Taurini 1924, p. 2); Vitoria a.a.O. (N. 20) Nr. 5 - 8 (in meiner Übers. — N. 20 — S. 86 ff.); *Franciscus Suarez:* Tractatus de legibus ac Deo legislatore (1612), lib. III c. 1.

[23] Dazu *Percy Ernst Schramm:* Kaiser, Rom und Renovatio. Studien zur Geschichte des römischen Erneuerungsgedankens vom Ende des Karolingischen Reiches bis zum Investiturstreit, 2. Aufl., Darmstadt 1957; *Werner Goez:* Translatio Imperii, Tübingen 1958; und *Arno Borst:* Der mittelalterliche Streit um das weltliche und das geistliche Schwert, in: Staat und Kirche im Wandel der Jahrhunderte, hrsgg. v. *Walther Peter Fuchs*, Stuttgart/Berlin/Köln/Mainz 1966, S. 34 - 52.

nicht *potestas*, also nicht — wie in unserer vorläufigen Begriffsbestimmung vorausgesetzt — unmittelbare zentrale Herrschaftsgewalt auf dem Spiel[24].

Um sie geht der Kampf vielmehr in den sich herausbildenden nationalstaatlichen Ordnungen[25]. Seine Banner hatte dieser Kampf in dem landesherrlichen Anspruch auf Souveränität hier und in den ständischen Freiheiten dort. Erst mit der Behauptung landesherrlicher Souveränität, d. h. mit der Befriedung und Ordnung verheißenden Behauptung des Zu-höchst-Seins und der exklusiven, andere Mächte ausschließenden Einheitlichkeit dieser staatlichen Gewalt — nach der Formel *Bodins*: mit dem Anspruch einer *summa in cives ac subditos legibusque soluta potestas*[26], einer Gewalt, welche alle die Macht vermittelnden personalen Beziehungen und die ständischen Eigenrechte, also die überkommene Pluralität der Herrschaft, wo nicht beseitigt, so doch relativiert — erst mit solchem Anspruch und im politischen Widerstreit wird öffentliche Gewalt als solche in einer theoretisch prinzipiellen Weise legitimationsbedürftig[27]. Muß man sich doch überlegen,

---

[24] Vgl. hierzu *Ulrich Gmelin*: Auctoritas — Römischer princeps und päpstlicher Primat, Diss. Berlin 1936; *Walter Ullmann*: Die Machtstellung des Papsttums im Mittelalter, Graz/Wien/Köln 1960, S. 28 ff.; *Helmut Quaritsch*: Staat und Souveränität, Bd. 1, Frankfurt (M) 1970, S. 45 ff.

[25] Darüber, daß und inwiefern von frühneuzeitlichen Nationalstaatsbildungen nur mit großen Einschränkungen gesprochen werden kann, höchst präzise jetzt *Ulrich Scheuner*: Nationalstaatsprinzip und Staatenordnung seit dem Beginn des 19. Jahrhunderts, in: Staatsgründungen und Nationalitätsprinzip, hrsgg. v. *Theodor Schieder* (Studien z. Gesch. d. 19. Jh. — Abh. d. Forschungsabt. d. Hist. Seminars d. Univ. Köln 7 — „Neunzehntes Jahrhundert" Forschungsunternehmen der Fritz Thyssen Stiftung), München/Wien 1974, S. 9 - 37 (14 ff.), ferner *Quaritsch*, Staat und Souveränität I, S. 72 ff.

[26] Vgl. *Jean Bodin*: De Republica libri sex (Ed. Frankfurt 1594), lib. I c. 8 (p. 123). Dazu umfassend *Quaritsch*, Staat und Souveränität I, S. 36 ff., 243 ff.

[27] Sehr treffend bezeichnet *Martin Kriele* (Einführung in die Staatslehre — Die geschichtlichen Legitimitätsgrundlagen des demokratischen Verfassungsstaates [rororo Studium 35], Reinbek bei Hamburg 1975, S. 19) die „Legitimitätsfrage" daher als „die Innenseite der Souveränitätsfrage". — Dieses Legitimationsbedürfnis ist zunächst einmal also die Kehrseite der modernen Tendenz zur Konzentration und Monopolisierung öffentlicher Gewalt (über dieses Phänomen z. B. *Bertrand de Jouvenel*: Über Souveränität — Auf der Suche nach dem Gemeinwohl [POLITICA 9], Neuwied u. Berlin 1963, S. 197 ff.). Deshalb gehört auch schon der Absolutismus in diesen Zusammenhang (dazu weiter im Text mit N. 32), wenngleich die Kategorie legitimer Herrschaft ihre für uns heute maßgebliche Ausprägung erst in der Entfaltung des Verfassungsstaates gewinnt. In diesem Punkt wohl etwas anders *Wilhelm Hennis* (Legitimität — Zu einer Kategorie der bürgerlichen Gesellschaft, Merkur 30 [1976] S. 17 - 36 [27, 29 ff.]), wenn er legitime Herrschaft gleich als limitierte versteht und den Absolutismus von daher als „Gegenmodell" legitimer Herrschaft charakterisiert. Wenn Hennis hervorhebt (a.a.O. S. 19), daß es „das Grundanliegen des rationalen Naturrechts" gewesen sei, die Gehorsamspflicht des Bürgers nach den Erfahrungen der religiösen Bürgerkriege des 16. und 17. Jahrhunderts „auf eine neue, sittlich entschärfte Grundlage zu stellen", und wenn er daraus folgert, daß dies die genuine Theorie legitimer, eben limitierter, verfassungsstaatlicher

1. Das Legitimitätsproblem

welch' außerordentliche Spannung und Intensivierung des Verbindlichkeitsanspruchs es bedeutet, wenn alle (diesseitigen) rechtsnormativen Bindungen der Menschen auf einen einzigen zentralen Punkt seiner politischen Welt zurückgeführt werden[28]. *Thomas Hobbes* war es dann, dieser fragwürdige „Begründer des Rechtsstaates"[29], der die

---

Herrschaft sei, so bleibt doch andererseits an die durch *Hobbes* und seine Nachfolger belegte Ambivalenz dieser Theorie und an den schon anfänglichen Zusammenhang von bürgerlicher Herrschaft und Cäsarismus zu erinnern. Als ein *theoretisches* Problem ist jenes deutliche publizistische Legitimationsbedürfnis zentralisierter Gewalt *nicht* identisch mit den in bedeutsamen Exilierungen manifest werdenden konkreten Gehorsamskonflikten der Zeit konfessioneller Bürgerkriege in Frankreich und England (so aber wohl *Hennis* a.a.O. S. 19), wenngleich der Zusammenhang der Probleme außer Frage steht.

[28] *Peter Graf Kielmansegg:* Legitimität als analytische Kategorie, PVS XII (1971) S. 367 - 401 (385 f.). — Nach der hier vertretenen Auffassung ist dies der Hintergrund, vor dem allererst sinnvoll von einem Legitimitätsproblem gesprochen werden kann. In der These von *Ulrich Matz* (Politik und Gewalt — Zur Theorie des demokratischen Verfassungsstaates und der Revolution, München 1975), daß das Legitimitätsproblem mit der modernen Destruktion des ewigen und natürlichen Gesetzes, und das heiße: mit dem Wegfall der Möglichkeit, Staat und Staatsgewalt auf objektive Rechtsprinzipien zu gründen, definitiv unlösbar geworden sei (S. 122, 128, 157 und passim), liegt — historisch gesehen — wohl eher eine Bestätigung dieser Auffassung als ein wirklicher Widerspruch zu ihr. Denn das von Matz als Gegenmodell beschworene augustinische *iustitia fundamentum regnorum* (De civitate Dei IV, 4) ist keine staats- und rechtstheoretische Problemlösung, sondern ein Satz der Ethik, der ganz nebenbei die (übrigens zuerst vom Absolutismus des Papsttums erschütterte) Selbstverständlichkeit ausdrückt, daß das Recht mit allen Rechtsgenossen auch den Herrscher einschließt. Auf das hier unter dem Begriff der Legitimität diskutierte Problem bezogen, bedeutet das, daß jenes Ethos jeden Souveränitätsanspruch ausschließt, als dessen Kehrseite das Legitimitätsproblem als ein rechts- und staatstheoretisches allererst erscheint. Was im übrigen im konkreten Fall der *iustitia* entsprach, war zunächst eine Frage der Überlieferung. Und in diesem Punkt verliert die theologisch-religiöse Absicherung der Rechtsordnung für die Rechtspraxis sehr viel ihrer Bedeutung. Umgekehrt ist für die Wirklichkeit des demokratischen Verfassungsstaates dessen Rechtsidee, welche Matz als theoretisch völlig irrelevant abtut, von ungleich größerer institutionell gesicherter praktischer Wirksamkeit, als es die augustinische Gerechtigkeit zu ihrer Zeit je war — was Matz einzuräumen nicht umhinkann (S. 130 Fußn. 62, 141 f.), ohne daraus jedoch irgendwelche Schlußfolgerungen zu ziehen. Offenbar spielt eben die theoretische Vernunft der Ableitung aus letzten Prinzipien vorgegebener Gesetzlichkeiten für die Gestaltung einer humanen Rechtsordnung eine wesentlich geringere Rolle als Matz und seine (neo)marxistischen Kontrahenten (mit denen gemeinsam er dem modernen Verfassungsstaat aus anderen — *theoretischen* — Gründen keine Überlebenschance gibt) das anzunehmen geneigt sind. Darauf wird zurückzukommen sein.

[29] *Hans Ryffel:* Rechts- und Staatsphilosophie — Philosophische Anthropologie des Politischen, Neuwied u. Berlin 1969, S. 232. Vgl. dazu *Christian Graf von Krockow:* Soziologie des Friedens, Gütersloh 1962, S. 15 ff. Die Geschichte der *Hobbes*-Interpretation ist bekanntlich ein Kapitel für sich. Vgl. *meine* Hinweise in AöR 91 (1966) S. 122 ff. und *Iring Fetschers* Einleitung zu der von ihm hrsgg. Übers. der engl. Ausg. des Leviathan: POLITICA 22, Neuwied u. Berlin 1966. — Die schärfste und konsequenteste Explikation des Satzes von *Alexandre Passerin d'Entrèves* (The Notion of the State, Oxford 1967, p. 112), wonach *Hobbes'* Staat wirklich der moderne Staat und

18 I. Das historische Profil des Problems und die systematische Frage

Frage der Legitimation jener souveränen Gewalt ausdrücklich als Rechtsfrage stellte und sie in einer spezifisch juristischen Weise beantwortete, indem er die Staatsgewalt mit einem Herrschaftsvertrag begründete — in dem normativ-konstruktiven Doppelsinn dieses Wortes[30]. Der französische Absolutismus andererseits übersteigert mit der alten Designationstheorie[31] ein spätmittelalterliches Motiv häretisch dahin, daß das Attribut legitim die Ausschließlichkeit und Unwiderstehlichkeit jeder Staatsgewalt als Ausfluß der göttlichen Majestät bezeichnet[32]. Im

zugleich dessen *reductio ad absurdum* ist, findet sich jetzt in dem eben (N. 28) erwähnten Buch von *U. Matz* (vgl. S. 108 ff., 131 ff., 166, 188, 270, 283). Was Matz beweist, ist zweierlei: *Erstens* die besondere Beziehung des modernen Staates zum Gewaltproblem als Folge des neuzeitlichen Individualismus, d. h. der Verdrängung des aristotelischen Sozialitäts- durch das stoische Selbsterhaltungsprinzip. *Zweitens*, daß man mit *Machiavell, Hobbes, Rousseau, Hegel, Nietzsche*, dem Rechtspositivismus, mit dem Machtstaatsgedanken *Erich Kaufmanns*, mit *Carl Schmitt* und gewissen Pluralismustheorien den demokratischen Verfassungsstaat nicht *rechtlich* begründen kann. Dagegen ist — sieht man von der weitgehenden Regression der Probleme des demokratischen Verfassungsstaates ab, der zufolge Matz S. 283 die Grundrechtskataloge auf die Anthropologie des *Hobbes* schrumpfen sieht — wenig zu sagen. Um so mehr gegen die zwei damit verbundenen Unterstellungen, nämlich *erstens* gegen die Ausschließlichkeitsbehauptung eines viel zu engen Begriffs rationaler Rechtfertigung im Sinne bloßer Deduktion aus letzten Prinzipien einer objektiv dem Menschen vorgegebenen Ordnung, und *zweitens* gegen die Unterstellung, daß alle anderen Rechtfertigungsversuche theoretisch weniger konsequent oder weniger realistisch seien als die erwähnten Klassiker. Was nun insbesondere den angeblichen Realismus gerade von *Carl Schmitt, Nietzsche* und *Hobbes* anbelangt, so ist der Verf. da allerdings sehr skeptisch. Vgl. *Hasso Hofmann:* Nietzsche, in: Klassiker des politischen Denkens, hrsgg. v. *Hans Maier* u. a., Bd. 2, 3. Aufl., München 1974, S. 320 - 343 (343); *C. B. Macpherson:* The Political Theory of Possessive Individualism. Hobbes to Locke, Oxford 1962, dt. u. d. T.: Die politische Theorie des Besitzindividualismus, Frankfurt a. M. 1967, S. 110 ff.; *Martin Kriele:* Die Herausforderung des Verfassungsstaates — Hobbes und englische Juristen, Neuwied u. Berlin 1970.

[30] *Kant:* „der Stand der Natur: ein Ideal des Hobbes. Es wird hier das recht im Stande der Natur und nicht das factum erwogen. Es wird bewiesen, daß es nicht willkührlich sey, aus dem Stande der Natur herauszugehen, sondern nothwendig nach Regeln des Rechts." (Refl. 6593 — Werkausg. d. Preuß. Akademie der Wissenschaften, Bd. XIX, Berlin u. Leipzig 1934, S. 99 f.) Darüber mit weiteren Nachweisen *Hofmann,* Repräsentation, S. 382 ff.

[31] Vgl. dazu oben N. 16.

[32] Vgl. *Jacques Bénigne Bossuet:* Politique tirée de L'Ecriture Sainte (1709 = Oeuvres complètes 9 (Paris 1870), S. 204 ff. 238 ff. Das Neue, das in einer paradoxen Weise Moderne an dieser Lehre (was sie zu einer Art Legitimitätstheorie macht) ist gerade dies, daß sie die traditionelle Möglichkeit der Unterscheidung von legitimer und illegitimer Gewalt vor dem Hintergrund der Fraglosigkeit von Herrschaft überhaupt durch die Divinisierung aller Gewalten, die Herleitung jeder beliebigen Herrschaftsausübung aus der Transzendenz und die Verwandlung der Gehorsamspflichten in eine „Religion der zweiten Majestät" beseitigt. Denn das Ganze ist ja gleichfalls ein bewußter Versuch, einem jeden einzelnen Herrschaftsakt durch Rückführung auf ein letztes unangreifbares Prinzip (hier das des Gottesgehorsams) *unbedingte* Verbindlichkeit zu sichern und nach den Erfahrungen der konfessionellen Bürgerkriege so das jener traditionellen Unterscheidung

1. Das Legitimitätsproblem

Horizont ständischer Ordnungsvorstellungen hingegen mit ihren Elementen der korporativen Freiheit und des Widerstandsrechts erscheint bei *Althusius*, diesem deutschen *Bodin*, eine frühe Form des Volkssouveränitätsgedankens[33].

Ein ausgezeichneter Indikator dieser grundlegenden Veränderungen in der Philosophie über Recht und Staat ist der Gedanke vom *Naturzustand*, also jene alte — auch für das Problem der Rechtsgeltung bedeutsame — Vorstellung eines bald schreckerregend, bald idyllisch ausgemalten vorstaatlichen Zustandes der Menschheit[34]. Während die Naturzustandslehre in der aristotelisch-thomistischen Tradition das vorzivile Stadium im natürlichen Wachstum zur Vollendung des dem Menschen gesetzten Zieles nach Maßgabe des göttlich-natürlichen Gesetzes schildert und in der stoisch-patristisch orientierten Überlieferung der Kontrastierung der postlapsaren „Unnatürlichkeit" menschlichen Rechts und staatlicher Ordnung mit dem Zustand unverdorbener Natur und ungetrübter Vernunft dient, auf jeden Fall aber eine rein *entwicklungsgeschichtliche* Vorstellung ausdrückt, erscheint der Naturzustandsgedanke in der neuzeitlichen Rechts- und Staatsphilosophie bei *Hobbes, Pufendorf, Locke, Rousseau* und *Kant* mehr oder minder klar als bloße „Idee der Vernunft"[35], mit deren Hilfe die Elemente und die quasi naturgesetzliche Mechanik menschlicher Vergesellschaftung sowie

---

korrespondierende Widerstandsrecht auszuschließen. Dementsprechend neutralisiert Bossuet den Gedanken des Herrschaftsvertrages i. S. der Monarchomachen mit der hobbesianischen These, die souveräne Gewalt werde nicht übertragen, sondern *entstehe* erst aus dem und durch den Verzicht der einzelnen auf ihre schrankenlose Freiheit (vgl. *Jacques B. Bossuet*: Avertissements aux Protestans sur les lettres du Ministre Jurien contre l'histoire des variations, 3. Ed., Liège 1710, Cinquième Avertissement Nrn. 49 f., 52 f.; zum ganzen *Max Landmann*: Der Souveränitätsbegriff bei den französischen Theoretikern, Leipzig 1896, S. 94 ff.). Vorbild für das barocke Gottesgnadentum war ja auch nicht das mittelalterliche König- und Kaisertum und das, was man damals unter *plenitudo potestatis* verstand, sondern die *totalitas potestatis* des antikonziliar restaurierten Papsttums.

[33] Hierzu und über die nötigen Vorbehalte gegenüber dieser gängigen Charakterisierung *Hofmann*, Repräsentation, S. 358 ff.

[34] Dazu die Übersicht mit Nachw. in *meinem* Art. Naturzustand im 5. Bd. des Historischen Wörterbuchs der Philosophie (erscheint demnächst). Ins einzelne gehend aus der neueren Literatur *Felix Flückiger*: Geschichte des Naturrechts, 1. Bd.: Altertum und Frühmittelalter, Zollikon-Zürich 1954, S. 284 ff.; *Franz Wieacker*: Privatrechtsgeschichte der Neuzeit, 2. Aufl., Göttingen 1967, S. 267 ff.; *Hans Medick*: Naturzustand und Naturgeschichte der bürgerlichen Gesellschaft — Die Ursprünge der bürgerlichen Sozialtheorie als Geschichtsphilosophie und Sozialwissenschaft bei Samuel Pufendorf, John Locke und Adam Smith (Krit. Studien z. Geschichtswiss. 5), Göttingen 1973; jetzt auch *Matz*, Politik und Gewalt, S. 167 ff., 188 ff.

[35] *Kant*, Metaphysik der Sitten I § 44. Dazu *Gerhard Dulckeit*: Naturrecht und positives Recht bei Kant (Abh. d. Rechts- u. Staatswiss. Fak. d. Univ. Göttingen 14), Leipzig 1932, S. 34 ff.

die denknotwendigen Bedingungen einer Rechtsgemeinschaft aufgedeckt werden sollen, um von daher und mit Hilfe der gleichfalls revolutionär verwandelten Kategorie des Herrschaftsvertrages[36] die politische Ordnung konstruktiv zu begreifen und zu beurteilen. Es liegt auf der Hand, daß die Frage der Rechtmäßigkeit von Herrschaft wie die der Geltung des Rechts mit dieser individualistischen Radizierung[37] zentralisiert gedachter Ordnung fortan in einem ganz neuen Bezugssystem gestellt werden.

Dabei liegt der Unterschied zur praktischen Philosophie klassischer Tradition, wiewohl das ältere Naturrecht mit dem Triumph der neuzeitlichen, nicht mehr teleologischen Naturwissenschaft seinen Rückhalt in der teleologischen Naturphilosophie verlor[38], nicht einfach in der Eliminierung des Zweckgedankens[39]. Denn mit ‚Machterwerb' und ‚Machtbewahrung', mit ‚Selbsterhaltung', ‚Sicherung des Eigentums' und ‚Freiheit' spielen Zwecke sowohl in der auf Staatskunst reduzierten Politik eines *Machiavelli* wie im rationalen Naturrecht weiterhin eine bestimmende Rolle. Aber diese neuen Zwecksetzungen stehen infolge der von der Naturzustandslehre mit ihrem naturalistischen Rückgang auf den Egoismus des einzelnen implizierten Trennung von privat und öffentlich, von Moralität und Legalität, infolge der Entzweiung des Menschen selbst in seine gesellschaftliche Bedürfnisnatur und seine geschichtlich gebildete und existierende Sittlichkeit[40] nicht mehr in einem integralen, ethisch fundierten Zusammenhang von Politik, Ökonomie, Recht und Moral. Diesen Zusammenhang wirkungsmächtig zu bewahren oder wiederherzustellen, gelingt auch der die aristotelische

---

[36] Vgl. dazu die von *A. Voigt* hrsgg. Quellensammlung (N. 20) und aus der Lit. etwa *John Wiedhoff Gough*: The Social Contract — A critical Study of its Development, 2. Aufl., Oxford 1963, S. 49 ff., 105 ff., und jüngst *Wolf Rosenbaum*: Naturrecht und positives Recht — Rechtssoziologische Untersuchungen zum Einfluß der Naturrechtslehre auf die Rechtspraxis in Deutschland seit Beginn des 19. Jahrhunderts (Soziolog. Texte 83), Neuwied und Darmstadt 1972, S. 241.

[37] Von *Franz W. Jerusalem* drastisch als „Die Zersetzung im Rechtsdenken" (Stuttgart/Berlin/Köln/Mainz 1968) apostrophiert. Über den Zusammenhang von Naturzustandslehren und Legitimitätsproblem auch *Helmut Kuhn*: Der Staat — Eine philosophische Darstellung, München 1967, S. 83 f.

[38] *L. Strauss*, Naturrecht und Geschichte, S. 171 ff.

[39] Etwas mißverständlich vielleicht *Hans Maier* (Politik als Gegenstand wissenschaftlicher Forschung, in: Politische Wissenschaft heute, hrsgg. v. *L. Reinisch*, München 1971, S. 1 - 13), wenn er von der mit dem neuzeitlichen Wissenschaftsbegriff einhergehenden „Verschiebung der Fragen vom Telos des Staates zur Begründung und Rechtfertigung seiner Herrschaft" spricht (S. 6). *Geismanns* Kritik hieran (Ethik und Herrschaftsordnung, S. 4 f. N. 12), die gleich auch noch pauschal *Wilhelm Hennis* (Politik und praktische Philosophie [POLITICA 14], Neuwied a. Rh. u. Berlin 1963) einbezieht (bei dem man indessen S. 110 nachlese!), ist aber offenbar allergischer Natur.

[40] Über diese Entzweiung als Ansatz der *Hegel*schen Rechtsphilosophie *J. Ritter*, ‚Naturrecht' bei Aristoteles, a.a.O. (N. 18) S. 175 f.

1. Das Legitimitätsproblem

Systematik pflegenden Schulphilosophie bis hin zu *Christian Wolff*[41] nicht: sie vermag den einheitsstiftenden Gedanken der metaphysischen Natur des Menschen nur noch ohne Bezug zur Realität zu denken und die aus der metaphysischen Tradition emanzipierten Theorien über die „wirkliche" Natur des Menschen mit deren rechtsphilosophischen Konsequenzen nicht mehr in sich aufzuheben[42]. Unvermeidlich also tritt die technische Seite von Staat, Recht und Politik in den Vordergrund, und wird die Legitimation solcher Techniken zu einem gesonderten Problem.

Wo es freilich, wie in England oder auch in den USA im Gegensatz zu Frankreich, nicht oder nicht in dieser Schärfe zur Entgegensetzung von idealem Natur- oder Vernunftrecht und dem tradierten positiven Rechtszustand und seiner herkömmlichen Rechtspraxis und folglich nicht zu einer solch weitgehenden Auflösung traditionalistischen Rechtsdenkens kommt[43], da taucht auch die Legitimitätsfrage nicht in dieser Weise als ein theoretisches Problem auf. Statt dessen bleibt es, von *Hennis* jüngst hervorgehoben[44], bei der alten ethisch-pragmatischen Frage nach den Grenzen der *political obligation*. Andererseits bedeutet die damit verbundene Vermeidung der Souveränitätsfrage Aufrechterhaltung der alten Konsens-Struktur — dies eine der Bedingungen für die kontinuierliche Entwicklung des englischen Parlaments. Souveränitäts- und Legitimitätsdoktrin hingegen transformieren die Konsens-Struktur feudaler Herkunft mit der Folge, daß der Konsensgedanke — wie *Scheuner* jüngst konstatiert hat[45] — in der französischen Theorie im Vergleich zur angelsächsischen zurücktritt[46].

Diese kurze Skizze macht, wie ich hoffe, deutlich, warum und inwiefern ich das Problem der Legitimität in dem normativen Sinn der Rechtfertigung staatlicher Herrschaft aus einem einzigen, allgemeinverbindlichen Prinzip in spezifischer Weise mit dem modernen Staate verbunden sehe. Es ist damit zugleich die Abgrenzung gegenüber der politikwissenschaftlichen Behandlungsart des Gegenstandes vorgenommen, welche Legitimität in der Nachfolge *Max Webers* als Faktum, nämlich als den tatsächlich vorhandenen Glauben an die Rechtlichkeit von Herrschaft versteht und als wichtigen Faktor ihrer Stabilität analysiert, um diese sozialpsychologische Betrachtungsweise dann

---

[41] Vgl. oben N. 17.

[42] *Ritter*, ‚Naturrecht' bei Aristoteles, a.a.O. (N. 18) S. 139 f.

[43] Vgl. zu diesem Unterschied die Analysen von *Hannah Arendt* (On Revolution, New York 1963, dt. u. d. T.: Über die Revolution, München o. J., S. 138 u. passim) und *Jürgen Habermas* (Naturrecht und Revolution, in ders.: Theorie und Praxis — Sozialphilosophische Studien [POLITICA 11], Neuwied a. Rh. u. Berlin 1963 [u. ö.], S. 52 - 88); jetzt auch W. *Rosenbaum*, Naturrecht und positives Recht, 278 ff., 282, 284 f.

[44] *Hennis*, Legitimität, a.a.O. (N. 27) S. 19.

[45] *Ulrich Scheuner*: Konsens und Pluralismus als verfassungsrechtliches Problem, in: Rechtsgeltung und Konsens, hrsgg. v. *Günther Jakobs* (Schriften zur Rechtstheorie 49), Berlin 1976, S. 33 - 68 (59).

[46] Vgl. zu diesem Vorgriff auf spätere Überlegungen den nächsten Abschnitt und den Schlußteil dieser Arbeit.

natürlich auch auf vormoderne Herrschaftsverhältnisse anzuwenden. Unter unserem normativen Blickwinkel wird damit jedoch nur eine Komplementärerscheinung erfaßt: Denn sicher ist es infolge des Korrespondenzverhältnisses von Sein und Sollen so, daß ein Legitimitätsprinzip nur dann gilt, wenn es das Verhalten von Menschen wenigstens in einem gewissen Umfang tatsächlich bestimmt. Von daher kann man das Legitimitätsproblem in den Zusammenhang der Frage nach den Motiven stellen, welche die Menschen dazu bringen, sich einem bestimmten Herrschaftsanspruch zu beugen. Man kann weiter versuchen, diese sachlichen Fügsamkeitsmotivationen zu typisieren und zu ordnen. Das hat bekanntlich in nachhaltiger Weise zuerst eben *Max Weber* mit seiner Unterscheidung charismatischer, traditioneller und legaler Herrschaft getan[47]. Gewisse immanente Probleme dieser Systematisierung (namentlich die Schwierigkeit, das Legalitätssystem als seinen eigenen Legitimitätsgrund zu begreifen[48]) veranlaßten neuerdings dann andere Typisierungsversuche[49]. All das kann aber nicht darüber hinwegführen,

---

[47] *Max Weber:* Wirtschaft und Gesellschaft, 5. Aufl., Tübingen 1972, S. 16 ff., 122 ff. Abdr. auch in *ders.:* Staatssoziologie, Berlin 1956, S. 99 ff.

[48] Versuch der Auflösung bei *Johannes Winckelmann:* Legitimität und Legalität in Max Webers Herrschaftssoziologie, Berlin 1952. Zur Kritik an *Max Weber* (und Winckelmann) vgl. *Arnold Gehlens* Bespr. der Schrift Winckelmanns in DVBl. 70 (1955) S. 577; *ders.:* Industrielle Gesellschaft und Staat (1956), in *ders.:* Studien zur Anthropologie und Soziologie (Soziol. Texte 17), Neuwied a. Rh. u. Berlin 1963, S. 247 - 262 (255 f.), mit dem Gesichtspunkt der Legitimität kraft unbestimmt befristeter Erwartung sozialeudämonistischer Erfolge; *Wolfgang J. Mommsen:* Max Weber und die deutsche Politik 1890 - 1920, Tübingen 1959, S. 414 ff.; *Max Imboden:* Die Staatsformen (1959), in *ders.:* Politische Systeme — Staatsformen, Neudr. in einem Bd., Basel u. Stuttgart 1964, S. 133 ff. (177 ff.); *Dolf Sternberger:* Max Webers Lehre von der Legitimität, Festschr. f. M. Freund, Köln/Berlin 1967, S. 111 - 126; *Graf Kielmansegg*, Legitimität als politische Kategorie, a.a.O. (N. 28) S. 369, 374 ff.; *Jürgen Habermas:* Theorie der Gesellschaft oder Sozialtechnologie? Eine Auseinandersetzung mit Niklas Luhmann, in *ders.* / *Niklas Luhmann:* Theorie der Gesellschaft oder Sozialtechnologie — Was leistet die Systemforschung, Frankfurt a. M. 1971, S. 142 - 290 (242); *ders.:* Legitimationsprobleme im Spätkapitalismus, 2. Aufl., Frankfurt a. M. 1973, S. 133 ff.

[49] Vgl. *Carl Joachim Friedrich:* Die Legitimität in politischer Perspektive, PVS I (1960) S. 119 - 132, will religiös, philosophisch, traditional und auf Erfolge gegründete Legitimität unterscheiden; *David Easton:* A Systems Analysis of Political Life, New York 1967, S. 286 f. (ideologische, strukturelle, personale Legitimität); *Dolf Sternberger:* Grund und Abgrund der Macht, S. 11 ff. (numinose und bürgerliche oder humanistische Legitimität); *ders.:* Arten der Rechtmäßigkeit, PVS III (1962) S. 2 - 13 (numinose, pragmatische und bürgerliche Legitimität); *ders.:* Herrschaft und Vereinbarung. Über bürgerliche Legitimität (1966), in *ders.:* ‚Ich wünschte ein Bürger zu sein', Frankfurt a. M. 1967, S. 51 - 67 (herrschaftliche und bürgerliche Legitimität); *Sergio Cotta:* Éléments d'une phénoménologie de la légitimité, in: L'idée de légitimité (N. 1), S. 61 - 86, will Ideologien rationaler, historischer und existentieller Legitimität unterscheiden.

Grundsätzlicher die Kritik *Niklas Luhmanns* (Legitimation durch Verfahren [Soziol. Texte 66], Neuwied a. Rh. und Berlin 1969, 2. Aufl., 1975; *ders.:*

1. Das Legitimitätsproblem

daß, normativ gesehen, Fügsamkeit nur die Folge, nicht aber die Voraussetzung eines Legitimitätsprinzips sein kann[50]. Anders formuliert:

Rechtssoziologie, Bd. 2. Reinbek bei Hamburg 1972, S. 259 ff.), der den soziologischen Legitimitätsbegriff i. S. der Bereitschaft, inhaltlich noch unbestimmte Entscheidungen innerhalb gewisser Toleranzgrenzen hinzunehmen, präzisiert und meint, diese Bereitschaft sei nur zum geringsten Teil aus derlei Geltungsüberzeugungen zu erklären, sondern sei vornehmlich eine Funktion von Verfahren. In der Kontroverse über diese Position ist im Hinblick auf unsere Untersuchung festzuhalten, daß Luhmann im Ausgang vom kritischen Punkt der Theorie *Max Webers* fragt, wie es soziologisch (und d. h. für ihn: systemtheoretisch) zu erklären ist, daß Entscheidungen innerhalb des modernen Legalitätssystems mit so großer, gegenüber den jeweiligen Besonderheiten der Konflikte wie gegenüber der Individualität der Beteiligten mit ihren unterschiedlichen oder gegensätzlichen Interessen, Wünschen und Erwartungen fast völlig gleichgültiger Verläßlichkeit hingenommen werden. Mit dieser Frage und mit seiner Antwort, daß es im wesentlichen die Leistung gesetzlicher Verfahren als solcher sei, die Entscheidungsbetroffenen in jedem Fall hauptsächlich durch Protestabsorption zuverlässig in eine Situation zu bringen, die ihnen keine Chance des Widerstandes lasse (eine Antwort, deren Schlüssigkeit im Hinblick auf die Unentbehrlichkeit normativer Vorstellungen zu bezweifeln ist: vgl. *Josef Esser*: Vorverständnis und Methodenwahl in der Rechtsfindung — Rationalitätsgrundlagen richterlicher Entscheidungspraxis, 2. Aufl., Frankfurt a. M. 1972, S. 205 ff.; *Reinhold Zippelius*: Legitimation durch Verfahren? Festschr. f. K. Larenz, München 1973, S. 293 - 304; *Hans Ryffel*: Rechtssoziologie — Eine systematische Orientierung, Neuwied u. Berlin 1974, S. 112. Siehe andererseits aber auch *Hans-Ludwig Schreiber*: Die Bedeutung des Konsenses der Beteiligten im Strafprozeß, in: Rechtsgeltung und Konsens, a.a.O. [N. 45] S. 70 - 85 [72 ff.]), bleibt Luhmann jedenfalls ganz innerhalb des Legalitätssystems. d. h.: er verkürzt Problem und Begriff der Legitimität um die entscheidende Frage nach den spezifischen Grundlagen eben dieses Systems. Derlei Fragen tut er pauschal als solche des alten Naturrechts ab. Man vgl. auch *Niklas Luhmann*: Soziologie des politischen Systems (1968), in *ders.*: Soziologische Aufklärung — Aufsätze zur Theorie sozialer Systeme, Köln u. Opladen 1970, S. 154 - 177 (167), wo es heißt, daß es keine Quellen der Legitimation außerhalb des Systems gebe, daß Legitimation mit der Folge der Gleichsetzung von Legitimität und Legalität im System selbst erbracht werden müsse durch Verfahren, welche die institutionalisierte Beliebigkeit des positiven Rechts dadurch erträglich machen, daß Konkretisierungen dieser Beliebigkeit und ihre Änderungen kontinuierlich, d. h.: auf der Basis des status quo, und unter Beteiligung der Betroffenen erfolgen. Mit dieser Problemverkürzung, welche sich darin ausdrückt, daß jene Verfahren ausschließlich als Mittel der Stabilisierung des Systems erscheinen, fallen so alle Fragen der Verfassungstheorie aus. Die Möglichkeit prinzipieller Konflikte wird verdrängt. Zur Kritik: *Habermas*, Theorie der Gesellschaft, a.a.O. (N. 48) S. 243 ff.; *ders.*: Legitimationsprobleme, S. 133 ff.

[50] Im übrigen sagt die normative Analyse der Legitimität nichts über die Vielzahl sonstiger Fügsamkeitsmotive im Einzelfall und behauptet insbesondere nicht die beständige Aktualität und Dominanz des jeweiligen Legitimitätsprinzips. Die empirisch faßbare Überzeugung von der Rechtmäßigkeit einer Herrschaftsordnung ist nicht einfach — wie schon *Max Weber* hervorgehoben hat — das „Spiegelbild der Legitimitätsidee dieser Ordnung" (*Kielmansegg* a.a.O. — N. 28 — S. 390). Die Motive des Rechtsgehorsams sind nach dem Maße gesellschaftlicher Differenzierung allemal vielfältig; dazu schon *Franz Klein*: Die psychischen Quellen des Rechtsgehorsams und der Rechtsgeltung (Vorträge u. Schriften z. Fortbildung des Rechts u. der Juristen 1), Berlin 1912, S. 24 ff., 72; systematisch dann *Eugen*

Eine alle Hochkulturen einbeziehende allgemeine Theorie der Legitimitätsideologien kann keinen zu kritischer Unterscheidung von Recht und Unrecht tauglichen Begriff hervorbringen[51].

„Eine qualitativ kritisch-normative Abgrenzung von Legitimität und Illegitimität", hat jüngst W. *Hennis* mit Recht betont, „leisten Webers Begriffe nicht. Mit einem sozialwissenschaftlich fortgeschriebenen Max Weber kann man in einer Intensitätsskala der Legitimität rauf und runter, auch von einem Typus in den anderen rutschen; aus der Skala überhaupt herauszufallen, ist in seinem Begriff nicht vorgesehen[52]."

Und schließlich liegt auf der Hand, daß jene generalisierende soziologische Betrachtungsweise das angedeutete historische Profil unseres Problems verwischt[53, 54].

2. Das Problem der Rechtsgeltung

Kernstück des ob seines Souveränitätsanspruchs wie wegen seiner Säkularität in besonderer Weise legitimationsbedürftigen modernen Staates ist die Gesetzgebung, genauer: die spezifisch etatistische Technik der Positivierung des Rechts von einem „einheitlichen Ausstrahlungspunkt" her[55]. Entgegen der mittelalterlichen Vorstellung vom guten alten, im Grunde unveränderlichen Recht einer religiös-sittlichen Lebensord-

---

Ehrlich: Grundlegung der Soziologie des Rechts, München u. Leipzig 1913, S. 49 ff. („Gesellschaftlicher und staatlicher Normenzwang"); und jetzt *Maria Borucka-Arctowa:* Die gesellschaftliche Wirkung des Rechts (Schriftenreihe zur Rechtssoziologie u. Rechtstatsachenforschung 35), Berlin 1975, S. 116 ff. (bes. S. 123 ff.).

[51] *Mandt,* Tyrannislehre und Widerstandsrecht, S. 284 ff. — Auf einen solchen normativen Begriff kommt *Georg Brunner* (Kontrolle in Deutschland — Eine Untersuchung zur Verfassungsordnung in beiden Teilen Deutschlands, Köln 1972, S. 31) dadurch zurück, daß er gegen die *Weberschen* Legitimitätstypisierungen die Unterscheidung der Herrschaftsordnung danach setzt, ob die jeweilige Realverfassung mit den grundlegenden Wertvorstellungen der Mehrheit übereinstimmt oder nicht.

[52] *Hennis,* Legitimität, a.a.O. (N. 27) S. 21.

[53] Unterschwellig macht es sich freilich auch dort immer wieder geltend. Das wäre ein Thema für sich. Was darüber hinaus und im übrigen die bekannten ideologiekritischen Versuche betrifft, Legitimitätsideen als bloße Maskierung von Herrschaftsinteressen zu denunzieren, so mag hier genügen, an folgendes zu erinnern: Legitimitätsprinzipien sind nicht ganz so beliebig produzierbar und manipulierbar und haben die Eigenschaft, mit ihrem die Festschreibung von Herrschaftspositionen überschreitenden Überschuß an Normativität die Herrschenden selber zu binden. Derlei ideologiekritische Reduktionen vermögen ihre Bedeutung und Wirkung daher nicht auszuschöpfen. Dazu *Kielmannsegg* a.a.O. (N. 28) S. 399 f.

[54] Mit gutem Grund hat sich daher *Bleicken* (Staatliche Ordnung und Freiheit in der römischen Republik, S. 86 ff.) gegen die Anwendung der Legitimitätskategorie auf historische Sozialbeziehungen gewandt, die — wie die Vorrangstellung der Nobilität in der römischen Republik — nicht als Herrschaftsverhältnisse bewußt waren.

[55] *Giorgio del Vecchio:* Über die Staatlichkeit des Rechts (1929), in *ders.:* Grundlagen und Grundfragen des Rechts, Göttingen 1963, S. 217 - 236 (222 ff.).

2. Das Problem der Rechtsgeltung

nung, das lediglich von Fall zu Fall der Erkenntnis und nur gelegentlich der Wiederherstellung bedarf und dessen allfallsige Änderung natürlich vom (repräsentativen) Konsens aller Betroffenen abhängt[56], erscheint das — wohl in der Konsequenz der staatlichen Monopolisierung der Rechtsprechung — im staatlichen Gesetz positivierte Recht[57] als Funktion eines einzigen souveränen Willens, als Produkt einseitiger (aber deswegen nicht notwendig schrankenlos-beliebiger) Entscheidung. Denn selbstredend stellt die Negation des Konsensprinzips und der korrespondierenden Verantwortlichkeit des Herrschers nicht gleich von Gottesgesetzen und Vernunftgeboten frei[58]. Der Voluntarismus des autoritären neuzeitlichen Gesetzesbegriffs ging gegen das traditionalistische Rechtsdenken und die konfessionalisierte *veritas*, richtete sich aber nicht gegen die Rationalität innerweltlicher Gesetzmäßigkeiten. Insoweit war der monarchische Wille zumindest als der Aufklärung fähig gedacht.

Was die in jüngster Zeit zunehmende Kritik an der maßgeblich durch *F. Kern*[59] geprägten Vorstellung vom mittelalterlichen Recht als dem guten alten und im Grunde unveränderlichen Recht betrifft[60], eine Kritik, die einesteils darauf abhebt, daß die Vorstellung von der Veränderbarkeit des Rechts nie ganz fehlte, daß allein die Vorstellung vom Maß der Veränderbarkeit des Rechts wuchs und — mit *Marsilius* als Wendepunkt — eine durchaus mittelalterliche Entwicklung von der repressiven über die präventive zur produktiven Rechtsänderung trug, kurzum: daß der Gegensatz von Tra-

---

[56] Dies ist der springende Punkt: vgl. *Otto v. Gierke*: Das deutsche Genossenschaftsrecht, Bd. 2, Nachdr. Graz 1954, S. 466 - 475, 633 ff.; *Fritz Kern*: Recht und Verfassung im Mittelalter, HZ 120 (1919) S. 1 - 79, Neudruck 2. Aufl., Darmstadt 1958; und vom *Verf.*, Repräsentation, S. 200, 209. Ihn übersieht *Peter Badura*: Art. Recht, Theorie des Rechts, Rechtsphilosophie, in: Fischer Lexikon Recht, Frankfurt a. M. 1971, S. 118 - 137 (121). Seine klassische Formulierung hat das Prinzip in der *Cod. Just.* 5, 59, 5, 2 paraphrasierenden *regula iuris XXIX Bonifaz' VIII.* gefunden: *quod omnes tangit debet ab omnibus approbari.*

[57] Die vorgängige Zentralisierung der *Rechtsprechung* betonen *Widar Cesarini Sforza*: Filosofia del diritto, 3. Aufl., Milano 1958, dt. u. d. T. Rechtsphilosophie, München 1966, S. 66; *Gerd Roellecke*: Die Bindung des Richters an Gesetz und Verfassung, VVDStRL 34 (1976) S. 7 - 42 (25 f.). Vgl. dazu auch *Matz*, Politik und Gewalt, S. 99 ff.

[58] Das betonen mit Recht *Jouvenel*, Über Souveränität, S. 240 ff.; *Quaritsch*, Staat und Souveränität I, S. 265 f.; *Rolf Grawert*: Historische Entwicklungslinien des neuzeitlichen Gesetzesrechts, Der Staat 11 (1972) S. 1 - 25 (4 f.); *Ulrich Scheuner*: Gesetzgebung und Politik, Gedächtnisschrift f. René Marcic, 2. Bd., Berlin 1974, S. 889 - 904 (895 f. mit N. 20); *Kriele*, Einführung in die Staatslehre, S. 59 ff. Vgl. auch *Hermann Conrad*: Staatsgedanke und Staatspraxis des aufgeklärten Absolutismus (Rheinisch-Westf. Ak. d. Wiss. — Geisteswiss./Vorträge G 173), Opladen 1971, S. 39 ff.

[59] Nachweis N. 56. Siehe auch *Passerin d'Entrèves*, The Notion of the State, S. 82 ff.

[60] Zur Entwicklung dieser Vorstellung *Gerhard Köbler*: Das Recht im frühen Mittelalter — Untersuchungen zu Herkunft und Inhalt frühmittelalterlicher Rechtsbegriffe im deutschen Sprachgebiet (Forsch. z. deutsch. Rechtsgesch. 7), Köln/Wien 1971, S. 12 - 29.

ditionalismus und Ratio eine Spannung innerhalb des Mittelalters und nicht zwischen Mittelalter und Neuzeit bezeichne[61], und die andernteils den Nachweis führt, daß die frühmittelalterlichen Quellen keinen dem Begriff des guten alten Rechts entsprechenden Ausdruck kennen und nichts von der Unmöglichkeit der Schaffung neuen Rechts wissen und daß der Gedanke der Unveränderlichkeit des Rechts jedenfalls nicht germanisch sei[62], so ist folgendes festzuhalten[63]: 1. Es geht hier nicht um das Verhältnis von frühmittelalterlichem zu spätantikem Recht und um die genuin germanische Rechtsanschauung, sondern um den *frühneuzeitlichen* Wandel der Rechtsvorstellung. 2. Was in diesem Zusammenhang von zentraler Bedeutung ist, das ist nicht die praktische Möglichkeit der Rechtsänderung im einzelnen, sondern der (freilich von lange her gewachsene) Gedanke prospektiver Verfügbarkeit des Rechts im ganzen, welcher die religiöse Fixierung des Rechts zu einer Gewissensbindung des Souveräns schrumpfen läßt und den Anspruch auf Monopolisierung der korporativ dezentralisierten Befugnis des *nova statuta facere* einschließt. 3. Damit hängt des weiteren die ausschlaggebende Bedeutung der Vorstellung von der *Art und Weise der Rechtsänderung* zusammen: nämlich die Überlagerung des feudalen Konsensprinzips durch das Prinzip der vorgängig legitimierten einseitigen Entscheidung, welchen Übergang des *Cusaners* Theorie von Repräsentation und („vagem") Konsens markiert[64].

Den erwähnten Zusammenhang von Positivität des Rechts und voluntaristischer Souveränität des Staates haben schon die frühneuzeitlichen Rechtstheoretiker sehr deutlich gemacht: „Das Gesetz", sagt *Jean Bodin*, „ist nichts anderes als der Befehl der höchsten Gewalt"[65]. So aufgeklärt mag man da am Ende auch nur noch eine neue Vorschrift für eine gute halten. Als aktuelles Instrument eines zentralen Willens

---

[61] So *Hans Martin Klinkenberg*: Die Theorie der Veränderbarkeit des Rechtes im frühen und hohen Mittelalter, in: Lex et sacramentum im Mittelalter, hrsgg. v. *Paul Wilpert* (Miscellanea Mediaevalia 6), Berlin 1969, S. 157 - 188.

[62] So *Köbler* a.a.O. (N. 60) S. 195 ff., anknüpfend an *Karl Kroeschell*: Recht und Rechtsbegriff im 12. Jahrhundert, in: Probleme des 12. Jahrhunderts — Reichenau-Vorträge 1965 - 1967 (Vortr. u. Forsch. XII), Konstanz/Stuttgart 1968, S. 309 - 335.

[63] Zum folgenden *Winfried Trusen*: Gutes altes Recht und consuetudo — Aus den Anfängen der Rechtsquellenlehre im Mittelalter, Festschr. f. Günther Küchenhoff, 1. Bd., Berlin 1972, S. 189 - 204 (193 f.); über den engen Zusammenhang zwischen natürlichem und positivem Recht in der Lehre ferner *Walter Ullmann*: Principles of Government and Politics in the Middle Ages, London 1961, S. 248 ff.

[64] Dazu im einzelnen *Hofmann*, Repräsentation, S. 286 - 321.

[65] *Bodin*, a.a.O. (N. 26) lib. I. c. 8 (p. 159). Dazu *Jouvenel*, Über Souveränität, S. 227 f.; *Quaritsch*, Staat und Souveränität I, S. 255 f.; *Scheuner*, Gesetzgebung und Politik, a.a.O. (N. 58) S. 889, 893 ff. — Wenn in diesem Zusammenhang von Voluntarismus die Rede ist (für den noch häufiger und nicht selten mißverständlich der Satz *Auctoritas, non veritas facit legem* aus dem 19. Kap. von *Hobbes'* Leviathan angeführt zu werden pflegt), dann also nur mit der aus dem Vorhergehenden sich ergebenden Einschränkung, wobei darauf hinzuweisen ist, daß auch der diese Vorstellung vorbildende theologische Voluntarismus eines *Duns Scotus* in Ansehung der *lex aeterna* mit einem *rationabilissime volens* Gottes rechnete.

2. Das Problem der Rechtsgeltung

aber ist das positive Recht — zumindest potentiell — ein umfassendes Mittel für die Organisation und Gestaltung der politischen Gemeinschaft[66]. Dabei muß man nicht gleich an wohlfahrtsstaatliche Sozialgestaltung, womöglich gar durch Maßnahmegesetze, denken. Auch die großen, auf den Naturzustandslehren basierenden vernunftrechtlichen Privatrechtskodifikationen mit ihrem der liberalen Rechtsidee verpflichteten Charakter eines bloßen Ordnungsrahmens bürgerlicher Freiheit[67] waren zumindest als Rechtsvereinheitlichung und in der Folge der Französischen Revolution als Abbau ständischer Sonderrechte und korporativer Beschränkungen Rechtsgestaltung und damit Rechtsänderung, auch wenn diese politische Funktion der Gesetzgebung in ruhigen

---

[66] Dazu *Grawert* a.a.O. (N. 58) passim, und jetzt *Scheuner*, Gesetzgebung und Politik, a.a.O. (N. 58) S. 895 ff., 900 ff. — Die Vorgeschichte dieser Instrumentalisierung des Rechts reicht weit ins Mittelalter zurück und ist nicht nur eine Erscheinung weltlichen Rechts: vgl. *Herbert Wehrhahn*: Das Gesetz als Norm und Maßnahme, VVDStRL 15 (1957) S. 35 - 65 (52 f.); *Hofmann*, Repräsentation, S. 197. Zur Vorgeschichte im einzelnen *Max Jörg Odenheimer*: Der christlich-kirchliche Anteil an der Verdrängung der mittelalterlichen Rechtsstruktur und an der Entstehung der Vorherrschaft des staatlich gesetzten Rechts im deutschen und französischen Rechtsgebiet (Basler Studien z. Rechtswissenschaft 46), Basel 1957; *Sten Gagnér*: Studien zur Ideengeschichte der Gesetzgebung (Acta Universitatis Upsaliensis — Studia Iuridica Upsaliensia 1), Stockholm/Uppsala/Göteborg 1960.
Der Einwand *Luhmanns* (Legitimation durch Verfahren, S. 142), die absolute Macht der Fürsten sei „bis in die Neuzeit hinein" auf einzelne Zwangsmaßnahmen beschränkt geblieben und sei zu einer „zweckmäßige(n) Veränderung der gesellschaftlichen Wirklichkeit" außerstande gewesen, weswegen Ungebundenheit des Herrschers noch lange nicht heiße, daß er Recht herstellen konnte, trifft unsere Überlegung also nicht. Wenn Luhmann ebd. N. 4 meint, die absoluten Fürsten hätten sich wegen dieser Schwäche ihrer Macht „stets auf religiöse, mehr oder weniger traditionale Legitimation berufen müssen", wodurch die herrschaftliche Verfügung über das Recht begrenzt worden sei, so verkennt er, daß umgekehrt erst die Artikulation einer Legitimitätsidee die Möglichkeit zentraler Produktion von Recht eröffnet (siehe oben bei NN. 28 u. 42) und spricht im übrigen die ambivalente Wirkung eines jeden Legitimitätsprinzips an (vgl. oben N. 53).

[67] Über diesen Zusammenhang *Hans Thieme*: Das Naturrecht und die europäische Privatrechtsgeschichte (Jurist. Fak. d. Univ. Basel — Inst. f. internat. Recht u. internat. Bez. — 6), 2. Aufl., Basel 1954, S. 17 ff.; *Franz Wieacker*: Aufstieg, Blüte und Krisis der Kodifikationsidee, Festschr. f. Gustav Boehmer, Bonn 1954, S. 34 - 50; *ders*.: Das Sozialmodell der klassischen Privatrechtsgesetzbücher und die Entwicklung der modernen Gesellschaft (Jurist. Studiengesellsch. Karlsruhe, Schriftenreihe. H. 3), Karlsruhe 1953; *ders.*: Privatrechtsgeschichte der Neuzeit, 2. Aufl., Göttingen 1967, S. 322 f.; *Hermann Conrad*: Die geistigen Grundlagen des Allgemeinen Landrechts für die preußischen Staaten von 1794 (Arbeitsgemeinschaft f. Forsch. NW, Geisteswiss. Abt. 77), Köln u. Opladen 1958, S. 9 ff.; *ders.*: Rechtsstaatliche Bestrebungen im Absolutismus Preußens und Österreichs am Ende des 18. Jahrhunderts (Arbeitsgem. f. Forsch. d. Landes NW — Geisteswiss. — H. 95), Köln u. Opladen 1961, S. 12 ff.; *ders.*: Das Allgemeine Landrecht von 1794 als Grundgesetz des friderizianischen Staates (Schriftenreihe d. Jurist. Gesellschaft Berlin 22), Berlin 1965, S. 6 ff., 15, 21 ff.; *Gerd Kleinheyer*: Einführung, in: Preußisches Allgemeines Landrecht, hrsgg. v. *E. Pappermann*, Paderborn 1972, S. 15 - 27 (21 ff.).

28 I. Das historische Profil des Problems und die systematische Frage

Epochen der Zusammenfassung im Bewußtsein der Zeit ganz zurücktritt[68] und wissenschaftlich erst bei *Bentham, Jhering* („Der Zweck im Recht") und in der „Interessenjurisprudenz" sich geltend macht. Und das eben ist das Revolutionäre an der Positivierung des Rechts, daß sie die Möglichkeit der Rechtsänderung institutionalisiert[69]. Auch und gerade in diesem Sinne gilt über die verschiedenen Phasen neuzeitlicher Gesetzgebung hinweg[70] der Satz des *Althusius: quod Deus est in mundo ... hoc est lex in civitate*[71]. Und folglich ist souverän, wer über die Gesetzgebungsgewalt verfügt[72].

Das Recht, so macht es den Eindruck, wird auf diesem Wege der Positivierung durch die staatliche Gesetzgebung in der umfassendsten Weise inhaltlich verfügbar[73], und die Frage seiner Verbindlichkeit

---

[68] *Scheuner*, Gesetzgebung und Politik, a.a.O. (N. 58), S. 893, 897.

[69] Vgl. *Luhmann*, Rechtssoziologie 1, S. 190 ff.; *ders.:* Rechtssoziologie 2, S. 207 ff., 294 ff.

[70] Dazu *Wilhelm Ebel:* Geschichte der Gesetzgebung in Deutschland, Göttingen 1958; *Grawert*, a.a.O. (N. 58); *Scheuner*, Gesetzgebung und Politik, a.a.O. (N. 58) S. 892 ff. — Über die korrespondierenden Wandlungen des Gesetzesbegriffs außer den Genannten *Ernst-Wolfgang Böckenförde:* Gesetz und gesetzgebende Gewalt — Von den Anfängen der deutschen Staatsrechtslehre bis zur Höhe des staatsrechtlichen Positivismus (Schriften zum Öffentl. Recht 1), Berlin 1958; *Gerd Roellecke:* Der Begriff des Gesetzes und das Grundgesetz, Mainz 1969, S. 42 ff.; *Christian Starck:* Der Gesetzesbegriff des Grundgesetzes, Baden-Baden 1970, S. 69 ff.; *Werner Krawietz:* Art. Gesetz, in: Historisches Wörterbuch der Philosophie, hrsgg. v. *J. Ritter*, Bd. 3, Basel/Stuttgart 1974, Sp. 480 - 493 (484 ff.).

[71] Politica methodice digesta etc., c. X. § 8. Zuerst Herborn 1603. Zit. nach der von *Carl Joachim Friedrich* nach der 3. Aufl. v. 1614 besorgten (etwas gekürzten) Ausg. Cambridge/USA 1932 (Harvard Political Classics II), p. 96: *quod Deus est in mundo, ... hoc est lex in civitate, sine qua nec domus ulla, nec civitas, nec Resp. nec mundus stare potest.*

[72] *Sebastian Medicis:* De legibus, statutis, et consuetudine, Coloniae 1574; P. I qu. 8 (S. 34): *Quia condere legem, est signum supremae potestatis, & maximi gradus meri imperii.* Auf diese Stelle hat *Scheuner* (a.a.O. — N. 58 — S. 889) aufmerksam gemacht. Über die Souveränität als absolute Gesetzgebungsgewalt *Carl Joachim Friedrich:* Der Verfassungsstaat der Neuzeit (Enzyklopädie der Rechts- u. Staatswiss. II 5), Berlin/Göttingen/ Heidelberg 1953, S. 104 f.; *Kriele*, Staatslehre, S. 59. Über den modernen Staat als souveränes Legalitätssystem auch *Passerin d'Entrèves*, The Notion of the State, S. 96 ff.

[73] Über die neuzeitliche „Regression" des Rechtsbegriffs gerade im demokratischen Verfassungsstaat sehr scharf *Matz*, Politik und Gewalt, S. 108 ff. Systematisch zu diesem Aspekt *Werner Krawietz:* Das positive Recht und seine Funktion (Schriften zur Rechtstheorie), Berlin 1967, S. 64 ff.; *Werner Maihofer:* Die gesellschaftliche Funktion des Rechts, Jahrb. f. Rechtssoziologie und Rechtstheorie 1 (1970) S. 11 - 36; *Erich Fechner:* Funktionen des Rechts in der menschlichen Gesellschaft, ebd., S. 91 - 105; *Stig Jørgensen:* Recht und Gesellschaft, Göttingen 1971, S. 48 ff.; *Manfred Rehbinder:* Die gesellschaftlichen Funktionen des Rechts, in: Soziologie — Festg. f. René König, Opladen 1973, S. 354 - 368, der im Anschluß an *Karl N. Llewellyn* 5 soziale Funktionen des Rechts beschreibt: Bereinigung von Konflikten, Verhaltenssteuerung, Legitimierung und Organisation sozialer Herrschaft,

scheint am Ende dieses Weges zur soziologischen Erklärung seiner sozialen Funktion zu schrumpfen[74]. Solche Instrumentalisierung des Rechts aber ruft durch eklatanten Widerspruch zu der Idee des Rechts als einer eben nicht beliebigen Ordnung unvermeidlich und immer wieder neu die Frage nach den Grenzen der gesetzgebenden Gewalt hervor: Rechtspositivismus provoziert die Naturrechtsdiskussion[75]. Das ist das eine — und gewiß ein großes Thema für sich. Zum anderen bleibt die Frage — und um sie geht es hier —, wie denn der Rekurs auf das Faktum eines gesetzgeberischen Willens eine rechtliche Verbindlichkeit zu begründen vermag, wie daraus normative Geltung i. S. einer Verpflichtung und nicht nur eines Zwanges soll erwachsen können — das alte Problem aller voluntaristischen Moralphilosophie[76] — und ob das Recht im Gegenteil nicht notwendig auf ethische Prinzipien gegründet werden muß.

3. Die systematische Frage

Sonach ist die Frage der Rechtsgeltung, des Verhältnisses von Recht und Sittlichkeit nicht weniger ein altes und im Blick auf gewisse neuere Entscheidungen unseres Gesetzgebers — zugleich sehr aktuelles „Hauptthema der Rechtsphilosophie"[77] als die Legitimität der Staatsgewalt ein

---

Gestaltung der Lebensbedingungen, Rechtspflege (Überwachungsfunktion); *Ryffel*, Rechtssoziologie, S. 117 ff.; *Borucka-Arctowa*, Die gesellschaftliche Wirkung des Rechts, S. 14, mit der Unterscheidung zweier Wirksamkeitsbegriffe: Erreichung der vom Gesetzgeber angestrebten gesellschaftlichen Ergebnisse bzw. Kongruenz von Handlungsweise des Normadressaten mit dem gesetzgeberischen Leitbild. — Über einige (variable) Vermittlungsfaktoren einer Rechtsvorschrift (Sozialökonomisches System, Konventionen und Gewohnheiten, Persönlichkeitsstruktur der Normadressaten) *Adam Podgórecki*: Dreistufen-Hypothese über die Wirksamkeit des Rechts, Studien und Materialien zur Rechtssoziologie, hrsgg. v. *Ernst E. Hirsch* u. *Manfred Rehbinder* (Sonderheft 11 der Kölner Zeitschr. f. Soziologie u. Sozialpsychologie), Köln u. Opladen 1967, S. 271 - 283.

[74] Diese Konsequenz zieht *Martin Drath:* Grund und Grenzen der Verbindlichkeit des Rechts — Prolegomena zur Untersuchung des Verhältnisses von Recht und Gerechtigkeit (Recht und Staat 272/3), Tübingen 1963, S. 24 f.

[75] Vgl. dazu *Werner Maihofer:* Naturrecht oder Rechtspositivismus? (Wege der Forsch. XVI), Darmstadt 1962; *Hans Welzel:* Naturrecht und materiale Gerechtigkeit, 4. Aufl., Göttingen 1962, S. 183 ff.; *Franz Wieacker:* Zum heutigen Stand der Naturrechtsdiskussion (Arbeitsgem. f. Forsch. d. Landes NW — Geisteswiss. Abt. 122), Köln u. Opladen 1965; *Arthur Kaufmann / Winfried Hassemer:* Grundprobleme der zeitgenössischen Rechtsphilosophie und Rechtstheorie, Frankfurt/M. 1971, S. 10 ff., 18 ff.; *Günther Küchenhoff:* Der Beitrag des deutschen und italienischen Sprachraums zur Entwicklung des Naturrechts in den letzten 25 Jahren, in: Gedächtnisschrift f. *René Marcic*, 1. Bd. Berlin 1974, S. 135 - 148.

[76] Vgl. *Ebbinghaus*, Die Idee des Rechts, a.a.O. (N. 19) S. 288 ff.

[77] *Karl Engisch*: Auf der Suche nach der Gerechtigkeit — Hauptthemen der Rechtsphilosophie, München 1971, S. 56 ff., 82 ff. *Carl August Emge* (Vorschule der Rechtsphilosophie, Berlin-Grunewald 1925, S. 86) hat die Frage nach der ethischen Grundlage des Rechts als die Grundfrage aller

I. Das historische Profil des Problems und die systematische Frage

altes und — wenn man einer gewissen Art soziologischer Krisenliteratur trauen darf, welche die Beschaffung von „pauschaler Approbation" und „diffuser Massenloyalität" als *das* neue politische Systemproblem des sog. Spätkapitalismus bezeichnet[78] — zugleich ein besonders aktuelles Grundproblem der Allgemeinen Staatslehre, der Staatstheorie. Um so erstaunlicher, daß das Verhältnis der beiden doch offenbar zusammenhängenden, in der Kernproblematik moderner Staatlichkeit verbundenen Themen zueinander kaum reflektiert wird. Allenfalls erscheint der Zusammenhang von Legitimität der Staatsgewalt und Verbindlichkeit ihres Rechts im Gedanken der Verfassungsmäßigkeit der Rechtserzeugung als ein mehr oder weniger bloß formaler Aspekt der Rechtsgeltung, als propädeutische Stufe des Geltungsproblems[79]. Nur *Engisch*[80] thematisiert die Frage wenigstens an-

---

Rechtsphilosophie schlechthin bezeichnet. Ähnlich nennt *Arthur Kaufmann* das Verhältnis von Recht und Sittlichkeit ein „Ur-Thema" von Rechtswissenschaft und Rechtsphilosophie: Recht und Sittlichkeit (Recht und Staat 282/283), Tübingen 1964, S. 5. Daß unsere Fragestellung heute und unser Fragehorizont dieselben seien wie diejenigen *Platons* oder *Kants*, kann damit vernünftigerweise freilich nicht gemeint sein.

[78] Vgl. *Jürgen Habermas:* Technik und Wissenschaft als ‚Ideologie' (1968), in *ders.:* Technik und Wissenschaft als ‚Ideologie', 7. Aufl., Frankfurt a. M. 1974, S. 48 - 103 (76 ff.); *ders.:* Legitimationsprobleme im Spätkapitalismus; *Claus Offe:* Das politische Dilemma der Technokratie (1969), in *ders.:* Strukturprobleme des kapitalistischen Staates, 3. Aufl., Frankfurt a. M. 1975, S. 107 - 122; *ders.:* Tauschverhältnis und politische Steuerung. Zur Aktualität des Legitimationsproblems (1972), ebd. S. 27 - 63; *ders.:* Demokratische Legitimation der Planung (1972), ebd. S. 123 - 151. Vgl. auch *Wolf-Dieter Narr:* Gewalt und Legitimität, Leviathan 1 (1973) S. 7 - 42. — Kritisch dazu *Hennis*, Legitimität, a.a.O. (N. 27) S. 22 ff.; *Kurt Sontheimer:* Allenthalben das Gerede von der Krise — Bemerkungen zu einer geistigen Modeerscheinung, Süddeutsche Zeitung, Nr. 300 Silvester 1975, S. 35/36.
Exogene Legitimitätserschütterungen, die sich aus dem linken wie rechten Kampf gegen den angeblich bloß formellen Rechtsstaat und aus der Sprengkraft des Souveränitätsdogmas für den Verfassungsstaat ergeben, behandelt *Martin Kriele:* Legitimitätserschütterungen des Verfassungsstaates, Festschr. f. Hans J. Wolff, München 1973, S. 89 - 107. Über Legitimitätskrisen im demokratischen Verfassungsstaat des Westens im allgemeinen *Seymour Martin Lipset:* Political Man — The Social Bases of Politics, New York 1960, dt. u. d. T.: Soziologie der Demokratie (Soziolog. Texte 12), Neuwied a. Rh./ Berlin-Spandau 1962, S. 70 ff.

[79] So bei *Ryffel*, Rechts- und Staatsphilosophie, S. 371, 412 ff. (unter dem Namen „juristischer Geltung" kraft Delegationszusammenhanges als eines bloßen Geltungsaspektes im Unterschied zur fundamentalen Frage der aus tatsächlicher und normativer Geltung resultierenden Positivität der Normen), und ähnlich bei *Heinrich Henkel:* Das Problem der Rechtsgeltung, Gedächtnisschrift f. René Marcic, 1. Bd., Berlin 1974, S. 63 - 87 (69). Bezeichnend auch *Arthur Kaufmann*, der dem „Geltungswillen der Rechtsgemeinschaft, repräsentiert durch den parlamentarischen Gesetzgeber", zwar nicht „jede Bedeutung" (!), aber jedenfalls die entscheidende Bedeutung abspricht (a.a.O. — N. 77 — S. 19 f.).

[80] Suche nach der Gerechtigkeit, S. 74. Ähnlich schon *ders.:* Die Einheit der Rechtsordnung (Heidelberger Rechtswiss. Abh. 20), Heidelberg 1935, S. 11 f., wo die Grundnorm der Normlogik „im Sinne einer die höchsten

3. Die systematische Frage

satzweise und vertritt — mit mehrfach fragwürdiger, später aufzugreifender Begründung — die These, daß „als Recht gilt, was als Recht von einer Instanz gesetzt ist, deren Legitimität zur Rechtsetzung anerkannt ist". Im übrigen scheint die Auffassung zu herrschen, daß die normative Geltung des Rechts nicht unabhängig vom Gesetzesinhalt auf die Legitimität der rechtsetzenden Staatsgewalt zurückgeführt werden kann. So formuliert *Heinrich Henkel* in Auseinandersetzung mit *Kelsens* positivistischer Rechtslehre: „Aus der *Legitimität des Erzeugungsaktes* kann ein Schluß auf die *Legitimität des Sollensanspruches* der Norm, auf die Verbindlichkeit ihres Sollens, nicht gezogen werden; diese läßt sich abstrahiert vom Inhalt der Norm nicht begründen[81]."

Ich ziehe diesen Satz in Zweifel — allein schon deswegen, weil nur eine vom Inhalt der Rechtsnorm bis zu einem gewissen Grade unabhängige Verbindlichkeit die Möglichkeit kritischer Loyalität eröffnet — und nehme ihn zum Ausgangspunkt, um nach dieser historischen Profilierung des Problemzusammenhanges dem Verhältnis von Legitimität und Rechtsgeltung nun systematisch nachzugehen. Auf diesem Wege möchte ich zunächst ganz kurz die rechtsphilosophischen Hauptfragen der Rechtsgeltung und die Theorie der Legitimität des demokratischen Verfassungsstaates in den Grundzügen rekapitulieren, um sodann zu versuchen, die Probleme der Legitimitätstheorie und der Rechtsgeltungslehre in einem als Fragen einer materialen Verfassungstheorie zu formulieren.

II. Theoretische Hauptpositionen

1. Philosophie der Rechtsgeltung

Worum es in der Philosophie der Rechtsgeltung geht, das ist die Frage nach der rechtlichen, der *normativen* Geltung von Rechtssätzen. Es ist die Frage nach dem Grund der Verbindlichkeit des in ihrem konditionalen Schema von Tatbestand und Rechtsfolge ausgesprochenen Sollens. Nun kann man von einem Rechtssatz schwerlich sagen, daß er gilt, wenn er als Verhaltensregel schlechterdings nicht befolgt und als Beurteilungsmaßstab für Verhalten einfach nicht angewandt wird. Und insofern ist die tatsächliche, die empirisch faßbare Wirksamkeit eines Rechtssatzes, seine „faktische", „reale" oder „soziologische" Geltung, seine „Positivität" zweifellos ein entscheidendes Moment der Rechtsgeltung[82], und zwar zumindest ein negatives, insofern normative Gel-

---

[82] Zu der Unterscheidung zwischen faktischer und normativer Rechtsgeltung *Max Weber:* Gesammelte Aufsätze zur Soziologie und Sozialpolitik, Tübingen 1924, S. 478: „Das ‚Gelten' eines Rechtssatzes im *soziologischen* Sinn ist ein empirisches Wahrscheinlichkeitsexempel über Fakta, das Gelten im juristischen Sinn ist ein logisches Soll ...". Ferner *Heinrich Henkel:* Einführung in die Rechtsphilosophie, München und Berlin 1964, S. 440 ff.; *ders.:* Das Problem der Rechtsgeltung, a.a.O. (N. 79) S. 64, 73; *Georg Henrik von Wright:* Norm and Action, London 1963, S. 107 f.; *Helmut Coing:* Grundzüge der Rechtsphilosophie, 2. Aufl., Berlin 1969, S. 292; *Günther Küchenhoff,* Rechtsbesinnung — Eine Rechtsphilosophie, Göttingen 1973, S. 23. Ähnlich *Engisch,* der — a.a.O. (N. 77) S. 59, 67 — zwischen faktischer Befolgung und (echter) Geltung unterscheiden will; ferner *Ryffel* (N. 79). Weiter differenzieren *Karl Larenz* (Das Problem der Rechtsgeltung, Berlin 1929, S. 9 ff.) und *Carl August Emge* (Vorschule der Rechtsphilosophie, S. 81 ff.; *ders.:* Einführung in die Rechtsphilosophie, Frankfurt/M.—Wien 1955, S. 315 ff., 340 ff.), der zwischen juristischer Geltung (Rückführbarkeit einer Norm auf höhere und höchste Sätze des Legalitätssystems), soziologischer Geltung (Wirksamkeit), ethischer oder normativer Geltung (innerer Verbindlichkeit) und idealer Geltung (idee-gemäßer Richtigkeit) unterscheidet. Ihm folgt, noch weiter auffächernd, *Ulrich Klug:* Rechtslücke und Rechtsgeltung, Festschr. f. Hans Carl Nipperdey, Bd. 1, München u. Berlin 1965, S. 71 - 94 (88 ff.).

Einen umfassenderen Überblick gibt *Rupert Schreiber:* Die Geltung von Rechtsnormen, Berlin/Heidelberg/New York 1966, S. 68 ff. Schreiber selbst unterscheidet a.a.O. S. 58 ff. zwischen faktischer Geltung (derjenigen Rechtsnormen, welche die Tätigkeit des Sanktionsapparates beschreiben) und verfassungsmäßiger Geltung (die den Bezug bestimmter Rechtsnormen auf eine bestimmte Verfassung meint). Alle anderen Geltungsvorstellungen, namentlich also den Begriff des Sollens, bezeichnet er als bloß ideelle Geltung, womit er zum Ausdruck bringen will, daß es sich insoweit um die subjektiven, wissenschaftlich nicht entscheidbaren Empfehlungen der einzelnen Autoren handelt, sich an bestimmte Rechtsnormen zu halten. (Ähnlich

tung durch Effektivität jedenfalls auflösend bedingt ist, Wirksamkeit also als aposteriorische Bedingung der Geltung erscheint[83]. Aber umgekehrt läßt sich eben nicht ohne weiteres sagen, daß dann, wenn Menschen sich einverständlich in bestimmter Weise regelhaft verhalten und Nonkonformität mißbilligen, dies auch so sein soll und abweichendes

auch *H. Kramer* — vgl. unten N. 131). In der Konsequenz seines auf die Zwangstheorie (vgl. unter N. 95) fixierten Ansatzes, der das Recht anhand der bescheidenen Beispiele des Diebstahls und der Nichterfüllung unter Verdrängung des ganzen Öffentlichen Rechts (i. e. S.), namentlich des Verfassungsrechts, auf das Schema von Tatbestand und Sanktion reduziert, verwirft Schreiber damit natürlich auch den („unverbindlichen") Begriff der Verbindlichkeit als untauglich (S. 104 ff., 137 ff.), womit er (wohl unwissentlich) nur den positivistischen Satz *Binders* reproduziert, wonach das Recht, rechtlich gesehen, zu nichts verpflichte und nichts beweise außer seine Folgerichtigkeit.
  Auch wenn man den Standpunkt des sog. „Rechtsrealismus" einnimmt, wie ihn namentlich die Skandinavier *Lundstedt, Hägerström, Olivecrona* und *Alf Ross* vertreten und wonach die Verpflichtungskraft des Rechts lediglich eine Idee und als solche zwar eine bedeutungsvolle psychische Realität, aber keine Eigenschaft der Rechtssätze ist (dazu *Hans-Heinrich Vogel:* Der skandinavische Rechtsrealismus [Arbeiten zur Rechtsvergleichung 56], Frankfurt a. M. 1972, S. 37 ff. [43]; *Ingwer Ebsen:* Gesetzesbindung und „Richtigkeit" der Entscheidung — Eine Untersuchung zur juristischen Methodenlehre [Schriften z. Rechtstheorie 35], Berlin 1974, S. 20 ff.; *Walter Ott:* Der Rechtspositivismus — Kritische Würdigung auf der Grundlage eines juristischen Pragmatismus [Erfahrung u. Denken 45], Berlin 1976, S. 67 - 74), wird man einräumen müssen, daß zumindest jener Minimalbegriff von Rechtsverbindlichkeit i. S. eines Appells, sich in bestimmter Weise zu verhalten, und zugleich als Ausdruck des Erlebens der Annahme dieses Appells für jede juristische Argumentation unverzichtbar ist (so mit Recht *Ebsen* a.a.O. S. 29 und *Herbert Lionel Hart:* The Concept of Law, 2. Aufl., Oxford 1963, dt. u. d. T. Der Begriff des Rechts, Frankfurt/M. 1973, S. 122 ff., über den „internen Aspekt" der Rechtsregeln). Im übrigen beruht die Voraussetzung, daß die Verbindlichkeit von bestimmten Norminhalten rational nicht — also auch nicht durch die Demonstration der Folgen ihrer Negation — ausweisbar seien, auf einer Verkürzung des Vernunftsbegriffs. Zudem fällt in dieser eindimensionalen Betrachtungsweise der Gesichtspunkt des Normerzeugungszusammenhanges völlig aus. Beides gehört aber zusammen. Der notwendige Versuch, Verbindlichkeit als institutionell approbierte Normqualität zu verstehen, wendet sich andererseits also auch gegen die (von *Ebsen* a.a.O. S. 13 ff. reproduzierte) antithetische Prämisse, wonach objektives Sollen nur entweder aus dem Norminhalt oder mit der Autorität der normsetzenden oder normanerkennenden Instanz begründet werden könne.
[83] Vgl. *Gustav Radbruch:* Rechtsphilosophie, 5. Aufl., hrsgg. v. *Erik Wolf*, Stuttgart 1956, S. 180; *Ernesto Garzón Valdés:* Über das Verhältnis zwischen dem rechtlichen Sollen und dem Sein, ARSP Beih. 41 (1965) S. 299 - 322 (319); *Henkel*, Das Problem der Rechtsgeltung, a.a.O. (N. 79) S. 81; *René Marcic:* Rechtswirksamkeit und Rechtsbegründung — Versuch einer Antwort auf die Sinnfrage des Rechts im Zusammenhang mit der Geltungsfrage, Festschr. f. Hans Kelsen, Wien 1971, S. 85 - 107 (99, 103). Ähnlich auch *Julius Binder:* Grundlegung zur Rechtsphilosophie (Beitr. z. Philos. u. ihrer Gesch. 4), Tübingen 1935, S. 137 (Positivität als Voraussetzung seiner Geltung).
  Ob die faktische Geltung des Rechts hauptsächlich in der Möglichkeit zwangsweiser Durchsetzung besteht oder — wie die h. M. richtigerweise annimmt — auf der „Anerkennung" der Rechtsgenossen beruht, darüber ist hier nicht weiter zu handeln. Dazu unten bei NN. 141 u. 142.

Verhalten daher in einer auch für den Abweichler selbst verbindlichen Weise als Fehlverhalten verurteilt, als Unrecht gebrandmarkt werden darf. Nichts anderes ergibt sich, wenn man von dem Faktum eines Willens ausgeht, der Verhaltensregeln aufstellt. Sich einem übermächtigen Willen zu widersetzen, kann im Hinblick auf dessen Druck- und Sanktionsmittel unvorsichtig, ja gefährlich sein. Doch ist es nicht eo ipso Unrecht. Worin aber der tragende Grund für ein solches Unrechtsurteil liegt, gerade das ist die Frage: „Warum *soll* das Recht, das in einem Staate positiv Geltung erlangt hat, auch von denen befolgt werden, die ihm nicht zustimmen? Was begründet seine *Verpflichtungs*kraft auch gegenüber dem Nonkonformisten[84]?"

Wir haben es hier mit der geläufigen Unterscheidung von Sein und Sollen zu tun, mit dem seit *Hume* bekannten und durch *Kant* populär gewordenen Problem, Sollen aus einem Sein abzuleiten. Ältere Autoren hatten eine solche logische Schwierigkeit übrigens nicht gesehen. Das gilt z. B. auch noch für die politische Philosophie von *Hobbes*, was deren heutige Interpretation erschwert. Ihre äußerste Zuspitzung hat die logische und erkenntnistheoretische Entgegensetzung von Sollen und Sein in der Rechtstheorie durch *Hans Kelsens* neukantianische *Reine Rechtslehre* erfahren, welche in dem wissenschaftspositivistischen Bestreben, von allen historisch-konkreten Inhalten der Rechtsordnung zu abstrahieren und sie auf ihre normlogische Struktur zu reduzieren, um Rechtsetzung und Rechtsanwendung wenigstens theoretisch aus den sozialen Verflechtungen mit Politik, Moral und Weltanschauung herauszulösen, kurz: welche in dem Bestreben, sich aus dem den Interpreten allemal einschließenden Sinn- und Wirkungszusammenhang der Rechtsordnung mit all ihren sachlichen Problemen hinauszureflektieren, den Grund der Rechtsgeltung in der sog. „Grundnorm" erkenntnistheoretisch zur transzendentallogischen Hypothese verdünnt[85].

Die Rechtsphilosophie ist dem freilich — mit gutem Grund — kaum gefolgt. Zwar leugnet niemand den Unterschied von Sein und Sollen,

---

[84] *Hans Welzel:* An den Grenzen des Rechts — Die Frage nach der Rechtsgeltung (Arbeitsgemeinschaft f. Forsch. des Landes NW — Geisteswiss. Abt. — 128), Köln u. Opladen 1966, S. 21.

[85] Vgl. *Hans Kelsen:* Hauptprobleme der Staatsrechtslehre entwickelt aus der Lehre vom Rechtssatze, 2. Aufl., Tübingen 1923 (Neudr. Aalen 1960); ders.: Reine Rechtslehre, 2. Aufl., Wien 1960 (Nachdr. 1967); ders.: Vom Geltungsgrund des Rechts, Festschr. f. A. Verdross, Wien 1960, S. 157 - 165. Siehe dazu *Albert Vonlanthen:* Zu Hans Kelsens Anschauung über die Rechtsnorm (Schriften zur Rechtstheorie 6), Berlin 1965, S. 30 ff.; *Rupert Schreiber:* Die Geltung von Rechtsnormen, S. 72 ff., 109 ff.; *Raimund Hauser:* Norm, Recht und Staat (Forsch. aus Staat und Recht 6), Wien/New York 1968, S. 85 ff.; *Ryffel*, Grundprobleme der Rechts- und Staatsphilosophie, S. 285 ff.; *Erich Fechner:* Ideologische Elemente in positivistischen Rechtsanschauungen, dargestellt an Kelsens „Reiner Rechtslehre", in: Sein und Sollen im Erfahrungsbereich des Rechtes, hrsgg. v. *Peter Schneider*, ARSP Beih. NF 6 (1970) S. 199 - 222 (205 ff.).

der ja, wie gesagt, keine Erfindung des Neukantianismus[86] und formallogisch auch schwerlich zu widerlegen ist[87]. Aber man versucht, das Dogma ihrer apriorischen Trennung samt der Konsequenz völliger Kritiklosigkeit gegenüber den Inhalten jeder *wirksamen* Ordnung zu überwinden. Und das bedeutet, daß im Gegensatz zu jener positivistischen Verkürzung des Sollens auf die bloße Fiktion der Rechtmäßigkeit[88] einer jeden effektiven Zwangsordnung[89] allererst der Gesichtspunkt des eigentlichen Sollens, wirklicher innerer Verbindlichkeit wieder zur Geltung gebracht werden muß[90]: *non est vera lex, nisi quae obligat in*

---

[86] Wie *Ernst-Wolfgang Böckenförde* in seinem schönen Vertrag über „Die Historische Rechtsschule und das Problem der Geschichtlichkeit des Rechts" (Collegium Philosophicum — Studien Joachim Ritter zum 60. Geburtstag, Basel/Stuttgart 1965, S. 9 - 36 [29 N. 61]) anzunehmen scheint.

[87] *Ulrich Klug*: Die Reine Rechtslehre von Hans Kelsen und die formallogische Rechtfertigung der Kritik an dem Pseudoschluß vom Sein auf das Sollen, Festschr. f. Hans Kelsen, Knoxville 1964, S. 153 - 169. Siehe auch *Franz Ackermann*: Das Verhältnis von Sein und Sollen als ein Grundproblem des Rechts, Diss. Zürich 1955, und allgemein *Karl R. Popper*: The Open Society and Its Enemies, I. The Spell of Plato, London 1944, dt. u. d. T.: Die offene Gesellschaft und ihre Feinde, Bd. 1: Der Zauber Platons, 4. Aufl., München 1975, S. 90 ff., wo unsere Antithese auf die Emanzipation der Ethik aus der Naturphilosophie in der griechischen Aufklärung zurückgeführt wird.

[88] *Kelsen*, Reine Rechtslehre, S. 224: „Keiner positiven Rechtsordnung kann wegen des Inhalts ihrer Normen die Geltung abgesprochen werden." Natürlich ist von diesem Standpunkt einer allgemeinen Theorie aller Rechtsordnungen aus auch „das Recht unter der Naziherrschaft ein *Recht*", wie *Kelsen* in den Diskussionen des Salzburger Naturrechts-Symposions von 1962 u. ö. betont hat: Österr. Zeitschr. f. öffentl. Recht XIII (1963/64) S. 148. Über den Stellenwert derartiger Aussagen und zu der in der Beschränkung auf wirksame Rechtsordnungen liegenden Wertung eindringlich und präzise *Norbert Leser*: Wertrelativismus, Grundnorm und Demokratie — Abgrenzungs- und Anwendungsprobleme der „Reinen Rechtslehre", in: Hundert Jahre Verfassungsgerichtsbarkeit — Fünfzig Jahre Verfassungsgerichtshof in Österreich, Frankfurt/Zürich/Salzburg/München 1968, S. 225 - 277 (228 ff., 237 ff.). Vgl. ferner *Rupert Hofmann*: Logisches und metaphysisches Rechtsverständnis — Zum Rechtsbegriff Hans Kelsens (Epimeleia 6), München u. Salzburg 1967.

[89] Hatte *Kelsen* die Grundnorm ehedem stets als transzendentallogische Voraussetzung der Rechtserkenntnis und folglich als bloß gedachte und nicht gewollte Norm bestimmt, so interpretiert er sie im Anschluß an *Walter Dubislav* (Zur Unbegründbarkeit der Forderungssätze, Theoria III [Göteborg 1937] S. 330 - 342 [331]: „Kein Imperativ ohne Imperator") jetzt als Sinn eines fiktiven Willensaktes: Österr. Zeitschr. f. öffentl. Recht XIII (1963/64) S. 119 f.; vgl. auch *Hans Kelsen*, Die Funktion der Verfassung, in: Verhandlungen des zweiten österreichischen Juristentages Wien 1964, Bd. II, 7. Teil, Wien o. J., S. 65 - 76 (70 f., 74 f.); *ders.*: Zum Begriff der Norm, Festschr. f. Hans Carl Nipperdey, Bd. 1, München u. Berlin 1965, S. 57 - 70 (63). Kritisch zu dieser Umdeutung *Leser* a.a.O. (N. 88) S. 241 ff. Von hier aus wäre einmal der Frage nachzugehen, warum *Kelsen* für jede positive Rechtsordnung eine (ihre Identität verbürgende) Grundnorm und nicht eine Grundnorm für alle positiven Rechtsordnungen annimmt.

[90] Dazu *Ernst v. Hippel*: Über die Verbindlichkeit der Gesetze, AöR 57 (1930) S. 86 - 120 (105 ff.); *Welzel*, An den Grenzen des Rechts, S. 25 ff.; *Ryffel*, Rechts- und Staatsphilosophie, S. 178 ff. u. passim.

II. Theoretische Hauptpositionen

conscientia[91]. Die Dichotomie von Sein und Sollen überwinden heißt folglich auch, die seit *Kant*[92] über *Fichte*[93] bis *Kelsen*[94] damit korrespondierende positivistische Trennung bloß äußerer Legalität und innerlicher Moralität in einem letzten Punkt übersteigen und die Einheit der Sollenssphäre rekonstruieren. Dieser nicht immer klar gesehene, zwei verschiedene Ansätze bietende Zusammenhang erklärt, warum ein Teil der das Problem von Faktizität und Normativität umkreisenden Literatur zur Rechtsgeltung unter dem Titel „Recht und Sittlichkeit" erscheint[95]. Im Kern geht es allemal darum, Recht in wahrhaftiger

---

[91] *Fr. Suarez,* Tractatus de legibus, lib. III c. 1.

[92] Vgl. *Kant:* Metaphysik der Sitten, Einl. III. Siehe dazu *E. v. Hippel,* Verbindlichkeit der Gesetze, a.a.O. (N. 90) S. 96 ff.; *Hans Nef:* Recht und Moral in der deutschen Rechtsphilosophie seit Kant, Diss. Zürich 1936.

[93] *J. G. Fichte:* Grundlagen des Naturrechts nach Prinzipien der Wissenschaftslehre, 1. Teil § 14. Siehe dazu *Bernard Willms:* Die totale Freiheit — Fichtes politische Philosophie, Köln u. Opladen 1967, S. 84 ff.

[94] Vgl. Reine Rechtslehre, S. 60 ff.; *ders.:* Was ist juristischer Positivismus? JZ 1965, S. 465 - 469 (468), wo die Trennung von Recht und Moral als „die wesentlichste Konsequenz des Rechtspositivismus" bezeichnet wird. Dazu über die notwendige Einheit der Sphäre des Direktiven vorzüglich *Martin Kriele:* Rechtspflicht und die positivistische Trennung von Recht und Moral, Österr. Zeitschr. f. Öffentl. Recht NF XVI (1966) S. 413 - 429; *ders.:* Recht und Moral und die Problematik der Reinen Rechtslehre, in ders. Zeitschr. XVII (1967) S. 382 - 384 = Erwiderung auf *Robert Walter:* Die Trennung von Recht und Moral im System der Reinen Rechtslehre, ebd. S. 123 - 127. Vgl. auch *Marcic,* Rechtswirksamkeit und Rechtsbegründung, a.a.O. (N. 83) S. 102 f.

[95] Siehe z. B. *Rudolf Laun:* Recht und Sittlichkeit, 3. Aufl., Berlin 1935; ferner die Schrift über „Recht und Sittlichkeit" von *A. Kaufmann* (N. 77). Als ein ethisches Problem behandelt die Frage normativer Rechtsgeltung auch *C. A. Emge,* Vorschule der Rechtsphilosophie, S. 33 f., 99 f.; ebenso *ders.:* Einführung in die Rechtsphilosophie, S. 138 ff. Vgl. außerdem *Georgio del Vecchio:* Ethik, Recht und Staat (1935), in ders.: Grundlagen und Grundfragen des Rechts, S. 26 - 39 (32 ff.); *ders.:* Lehrbuch der Rechtsphilosophie, 2. Aufl., Basel 1951, S. 362 ff., 382. Recht charakteristisch ist ferner die Kapitelüberschrift *Das Problem der Geltung („Recht und Sittlichkeit")* bei *Reinhold Zippelius* (Das Wesen des Rechts, 3. Aufl., München 1973, S. 31), unter der dann einfach die verschiedenen Geltungsmodalitäten von Normen abgehandelt werden. Das entspricht einer von *Ch. Thomasius* über *Jhering, Durkheim, J. Binder, M. Weber, Stammler, Walter Burckhardt* und *Kelsen* bis *Luis Legaz y Lacambra* (Filosofia del Derecho, 2. Aufl., Barcelona 1961, dt. u. d. T.: Rechtsphilosophie, Neuwied a. Rh. u. Berlin-Spandau 1965, S. 367 ff., 399 ff., 405 ff., 431 ff.), *Edward Adamson Hoebel* (The Law of Primitive Man, Cambridge/Mass. 1954, dt. u. d. T.: Recht der Naturvölker, Olten u. Freiburg i. Br. 1968, S. 41: „Eine gesellschaftliche Norm hat rechtlichen Charakter, wenn ihre Nichtbeachtung oder Verletzung regelmäßig physische Gewalt — ob als Drohung oder tatsächliche Gewaltanwendung — durch einzelne oder durch Gruppen nach sich zieht, die ein von der Gesellschaft anerkanntes Privileg dazu besitzen.") und *Drath* (Grund und Grenzen der Verbindlichkeit des Rechts, S. 49) reichenden Tradition, das Recht von anderen Normkomplexen durch das Merkmal der in besonderer Weise organisierten Erzwingbarkeit zu unterscheiden. (Über den älteren Teil dieser Entwicklung *Hans-Ludwig Schreiber:* Der Begriff der Rechtspflicht — Quellenstudien zu seiner Geschichte, Berlin 1966, 2. Absch.).

1. Philosophie der Rechtsgeltung

Richtigkeit zu gründen, das eigentliche Sollen als Prinzip der Rechtsgeltung von jenem uneigentlichen Sollen kraft äußeren Zwanges oder bloß tatsächlicher Übereinstimmung durch einen wegen der unerträglichen Konsequenzen seiner Leugnung allgemein einsichtigen und daher allgemein verbindlichen sachlichen Grund abzuheben — sei es mit Hilfe der theoretischen Vernunft durch Erkenntnis der dem Menschen in seiner Welt vorgegebenen Ordnung, also durch theoretische Ableitung des Sollens aus dem Sein oder durch Schau einer idealen Welt der Werte — sei es durch Verallgemeinerung des subjektiven Sollenserlebnisses, durch die lebenspraktische Verknüpfung der Sphären des Seins und des Sollens im Gewissen, in der menschlichen Personenhaftigkeit[96], also vermöge der praktischen und d. h.: der normsetzenden Vernunft des sittlich autonomen Menschen.

Zwischen den damit angedeuteten Polen spannt sich ein weiter Bogen rechtsphilosophischer Lehren. Ich übergehe den neuhegelianischen Versuch dialektischer Aufhebung des Gegensatzes von Sein und Sollen in der geschichtlich wandelbaren „Sinnwirklichkeit" positiver Rechtsordnung[97] — man weiß, welches gänzlich undialektisch-eindeutiges Ende solche Weimarer Unternehmungen genommen haben — und ich übergehe hier ebenso die marxistische Aufhebung unserer Dichotomie in deren ebenso spekulativ-dialektischem Begriff „konkreter" Wirklichkeit als einer in der Dimension der Zeit ausgespannten prozeßhaften Realität[98]. Beiseitesetzen möchte ich in diesem Zusammenhang

---

Indessen führen die naheliegende Frage, ob die hier vorausgesetzte „Emanzipation des Rechtes von der Sittlichkeit ... faktisch überhaupt durchgehalten werden kann, ohne einen schier unerschwinglichen Preis zu zahlen" (*Engisch*, Auf der Suche nach der Gerechtigkeit, S. 104) und das Problem des Normenwiderspruchs sehr schnell auf den besprochenen Problemzusammenhang zurück: vgl. *Radbruch*, Rechtsphilosophie, S. 138 f. (Moral als Geltungsgrund des Rechts); *Legaz* a.a.O. S. 410 f., 434; *Engisch* a.a.O. S. 95 f., 106 ff.; ders.: Recht und Sittlichkeit in der Diskussion der Gegenwart, in: Festschr. f. M. Schmaus, Bd. II, München/Paderborn/Wien 1967, S. 1743 - 1760 (1750 ff.); auch *Ernst Beling*: Rechtswissenschaft und Rechtsphilosophie, Augsburg 1923, S. 26 („Recht als Vorstufe für das Sittliche"); siehe schließlich noch *Ryffel*, Rechts- und Staatsphilosophie, S. 183 ff., 228, 235.

[96] Vgl. dazu v. a. *Hans Welzel*: Macht und Recht (Rechtspflicht und Rechtsgeltung), Festschr. f. Karl Gottfried Hugelmann, Bd. 2, Aalen 1959, S. 833 bis 843 (842); ders.: An den Grenzen des Rechts, a.a.O. (N. 84) S. 29 - 31; ferner *A. Kaufmann*, Recht und Sittlichkeit, S. 10 ff.; auch *Ingrid Craemer-Rügenberg*: Über die Möglichkeit der Begründung von normativen Urteilen, Freiburger Zeitschr. f. Philosophie und Theologie 17 (1970), S. 186 - 205.

[97] Vgl. *Larenz*, Problem der Rechtsgeltung, S. 22 ff.

[98] *Hermann Klenner*: Sein und Sollen in der Rechtswissenschaft, in: Sein und Sollen im Erfahrungsbereich des Rechts, hrsgg. v. P. Schneider, a.a.O. (N. 85) S. 145 - 153; Marxistisch-leninistische Staats- und Rechtstheorie — Lehrbuch, hrsgg. v. Institut für Theorie des Staates und des Rechts der Akademie der Wissenschaften der DDR, Berlin 1975. Vgl. dazu *Ernst-Wolfgang Böckenförde*: Die Rechtsauffassung im kommunistischen Staat, München 1967, S. 14 ff.

auch das dogmatische Naturrecht absoluter, unveränderlicher Sollenssätze[99], das zwar für die Rechtsprechung des BGH, etwa zum Wesen der Ehe und Familie und zur Frage der Sittlichkeitsdelikte sowie des Selbstmordes, ehedem eine nicht unerhebliche Bedeutung gehabt hat[100], in der jüngeren rechtsphilosophischen Diskussion aber zurückgetreten ist. Größer ist nach der Stabilisierung der sozialen Verhältnisse heute die Rolle, welche die Vorstellung der „Institution"[101], die phänomenologische und die existenzphilosophisch-ontologische Aufdeckung sachlogischer oder werthafter Seinsstrukturen[102], der Rückgriff auf die

---

[99] Siehe dazu etwa *Viktor Cathrein:* Recht, Naturrecht und positives Recht, 2. Aufl., Freiburg i. Br. 1909 (Nachdr. Darmstadt 1964), S. 308 ff.; *Johannes Messner:* Das Naturrecht — Handbuch der Gesellschaftsethik, Staatsethik und Wirtschaftsethik, 5. Aufl., Innsbruck/Wien/München 1966, S. 33 ff., 304 ff.; *Heinrich Rommen:* Die ewige Wiederkehr des Naturrechts, 2. Aufl., München 1947, S. 171 ff., 208 ff.; *Arthur Fridolin Utz:* Sozialethik — Mit internationaler Bibliographie, II. Teil: Rechtsphilosophie (Sammlung Politeia X/2), Heidelberg/Löwen 1963. Beiträge zur kritischen Überprüfung bei *Franz Böckle / Ernst-Wolfgang Böckenförde* (Hrsg.): Naturrecht in der Kritik, Mainz 1973.

[100] Hierüber — mit Nachw. — *Peter Schneider:* Naturrechtliche Strömungen in deutscher Rechtsprechung, ARSP XLIII (1956) S. 98 - 111; *Albrecht Langner:* Der Gedanke des Naturrechts seit Weimar und in der Rechtsprechung der Bundesrepublik (Schriften z. Rechtslehre u. Politik 20), Bonn 1959; dazu die Bespr. von *Alexander Hollerbach* in: Philosoph. Jahrbuch 69 (1961/62) S. 192 - 195; *Hermann Weinkauff:* Der Naturrechtsgedanke in der Rechtsprechung des Bundesgerichtshofs, NJW 13 (1960) S. 1689 - 1696; *Franz Wieacker:* Rechtsprechung und Sittengesetz, JZ 1961, 337 ff.; *Hans-Ulrich Evers:* Zum unkritischen Naturrechtsbewußtsein in der Rechtsprechung der Gegenwart, JZ 1961, S. 241 ff.; *Friedrich Karl Kübler:* Der deutsche Richter und das demokratische Gesetz — Versuch einer Deutung aus richterlichen Selbstzeugnissen, AcP 162 (1963) S. 104 - 128 (notwendige rechtssoziologische Ergänzung zu den rechtsphilosophischen Erörterungen des Verhältnisses von Rechtsprechung und parlamentarischer Legalität). Umfassend jetzt *Hans Dieter Schelauske:* Philosophische Probleme der Naturrechtsdiskussion in Deutschland — Ein Überblick über zwei Jahrzehnte: 1945 - 1965, Diss. Köln 1968; ferner *Rosenbaum,* Naturrecht und positives Recht, S. 106 ff. Zu den Anfängen auch *Thomas Würtenberger:* Wege zum Naturrecht in Deutschland, ARSP XXXVIII (1949) S. 98 - 138; *ders.:* Neue Stimmen zum Naturrecht in Deutschland (1948 - 1951), ARSP XL (1952/53) S. 576 - 597. — Noch immer nicht überholt die höchst eindringliche Kritik von *Wilhelm Weischedel:* Recht und Ethik. Zur Anwendung ethischer Prinzipien in der Rechtsprechung des Bundesgerichtshofs, in *ders.:* Wirklichkeit und Wirklichkeiten, Berlin 1960, S. 230 - 265.

[101] Siehe dazu *Roman Schnur* (Hrsg.): Institution und Recht (Wege der Forsch. CLXXII), Darmstadt 1968. Kritisch *Bernd Rüthers:* Institutionelles Rechtsdenken im Wandel der Verfassungsepochen, Bad Homburg v. d. H./Berlin/Zürich 1970.

[102] Zu erwähnen sind einerseits die Arbeiten von *Hans Welzel* (Naturrecht und materiale Gerechtigkeit, 4. Aufl., Göttingen 1962, S. 243 ff.; *ders.:* Wahrheit und Grenze des Naturrechts — Bonner Akademische Reden 26 — Bonn 1963, S. 14 ff.), *Günter Stratenwerth* (Das rechtstheoretische Problem der „Natur der Sache" — Recht und Staat 204 — Tübingen 1957) und *Ottmar Ballweg* (Zu einer Lehre von der Natur der Sache — Basler Stud. z. Rechtswiss. 57 — Basel 1963, S. 67: „Natur der Sache ist die objektiv feststellbare [das soll heißen: nicht sinn- oder werthafte — H. H.], sachlogische Strukturiertheit der Wirklichkeit, deren seinsmäßiger Ordnungscharakter das Recht maß-

1. Philosophie der Rechtsgeltung

„Natur der Sache"[103], die Ausarbeitung der Rechts- und Gerechtigkeitsidee im Sinne eines ethischen Minimums moralischer Anthropologie, eines *minimum content of Natural Law*[104] und schließlich — nach der Übernahme durch *Coing*[105] noch immer — die materielle Wertethik *Schelers* und *Hartmanns* spielen. Dabei wird der Name des Naturrechts meist vermieden, weil dessen klassische Erscheinungsformen umstritten sind und der Begriff mittlerweile allzu vieldeutig scheint[106], der naturrechtliche Gedanke der Verbindlichkeit des Rechts kraft vorgegebener, objektiver (wenn auch nicht notwendig absoluter) Richtigkeit aber festgehalten[107].

---

gebend konstituiert.") — andererseits die von *Alessandro Baratta* (Natur der Sache und Naturrecht, in: Die ontologische Begründung des Rechts, hrsgg. v. *Arthur Kaufmann*, Darmstadt 1965, S. 104 - 163 [134 ff.]) und *Johannes Thyssen* (Zur Rechtsphilosophie des Als-Seins, ebd. S. 328 - 340) gewürdigten Versuche *Werner Maihofers*, aus den Strukturen des sozialen Daseins ein konkretes Naturrecht zu entwickeln: Recht und Sein — Prolegomena zu einer Rechtsontologie (Philosoph. Abh. XII), Frankfurt a. M. 1954, S. 101 ff.; Vom Sinn menschlicher Ordnung, Frankfurt a. M. 1956, S. 41 ff.; Die Natur der Sache, ARSP 44 (1958) S. 145 - 174 (160 ff.), jetzt in: Die ontologische Begründung des Rechts, a.a.O. S. 52 - 86 (69 ff.); Naturrecht als Existenzrecht, Frankfurt a. M. 1963, S. 21 ff.

[103] Mit dieser Figur wird, wie schon angedeutet (N. 102), teils phänomenologisch, teils fundamentalontologisch, teils übrigens auch topisch (*Ilmar Tammelo*: The Nature of Facts as a Juristic Tópos, ARSP 1963 Beih. 39, S. 236 - 261 [256 ff.]) operiert. Darüber hinaus dient sie metaphysischer Betrachtung als Brücke zur „Wesensordnung des Seins"; vgl. *Herbert Schambeck*: Der Begriff der „Natur der Sache" — Ein Beitrag zur rechtsphilosophischen Grundlagenforschung, Wien 1964. Als gegenüber dem Naturrecht aus der Natur des Rechts und aus der Natur des Menschen *sekundäres und akzidentielles Naturrecht* behandelt das Recht aus der Natur der Sache *Günther Küchenhoff*: Die Natur der Sache unter besonderer Berücksichtigung der Lehre von Thomas von Aquin, Festschr. f. H. U. Scupin, Berlin 1973, S. 221 - 235; ders.: Rechtsbesinnung, S. 411 f.

[104] *Hart*, The Concept of Law, S. 187 ff. (Deutsche Übersetzung S. 266 ff.) Der „statische" Teil seiner grundlegenden, kontingenten (will sagen: empirischen, nicht metaphysischen) und „natürlichen", d. h. im Hinblick auf die gegenwärtige Beschaffenheit des Menschen und seiner Welt notwendigen Regeln (Menschliche Verletzlichkeit, ungefähre Gleichheit, begrenzter Altruismus, begrenzte Mittel — hinzu kommen dann noch die „dynamischen" Prinzipien der Arbeitsteilung und der Vertragstreue) basiert übrigens auf der Anthropologie von *Hobbes* und *Hume*. Vgl. auch *G. Küchenhoff*, Rechtsbesinnung, S. 194 ff. Über Harts Theorie im allgemeinen *Horst Eckmann*: Rechtspositivismus und sprachanalytische Philosophie — Der Begriff des Rechts in der Rechtstheorie H. L. A Harts (Schriften z. Rechtstheorie 15), Berlin 1969.

[105] *Helmut Coing*: Die obersten Grundsätze des Rechts — Ein Versuch zur Neubegründung des Naturrechts, Heidelberg 1947.

[106] *Erik Wolf* hat nicht weniger als 12 Natur- und 10 dazugehörige Rechtsbegriffe entfaltet: Das Problem der Naturrechtslehre (Freiburger Rechts- u. Staatswiss. Abh. 2), 3. Aufl., Karlsruhe 1964.

[107] Vgl. *Arthur Kaufmann*: Die ontologische Struktur des Rechts, in: Die ontologische Begründung des Rechts, a.a.O. (N. 102) S. 470 - 508 (476 f.).

II. Theoretische Hauptpositionen

Was die philosophische Kritik dieser Position betrifft, so ist schon des öfteren gezeigt worden, daß aus der Natur der Dinge letztlich nicht mehr an Sinn herausgeholt werden kann, als zuvor hineingelegt worden ist[108]. Über Werte mag man sinnvoll sprechen, wenn man damit die immer schon voraufgebauten, erfahr- und aktualisierbaren Sinn- und Verhaltensentwürfe einer konkreten Gesellschaft meint[109] — die materiale Wertethik *Schelers* und *Nicolai Hartmanns* hingegen, jene ideale Welt der Werte, ist für mein Verständnis philosophisch nicht überzeugend zu begründen[110]. Doch kann ich hier nicht in die Einzelheiten gehen. Für unsere Zwecke genügt es, den immer wieder erhobenen Haupteinwand zu rekapitulieren, der dahin geht, daß kategorisches Sollen weder aus Seinstatsachen, aus Kausalverhältnissen, noch aus vorgegebenen inhaltlichen Zwecken oder Werten ableitbar sei. In dem einen Fall käme man nur zu einem bedingten Müssen, in dem anderen bloß zu hypothetischen Imperativen[111], zu Klugheitsregeln, nach welchen man sich so oder so verhalten muß, wenn man dies oder jenes will oder nicht will. Daß aber dieses oder jenes Ziel gesollt sei, werde damit nicht begründet. Der Einwand ist mit anderen Worten hauptsächlich der, daß die Gründung des Rechts in vorgegebener objektiver Richtigkeit allemal Heteronomie und daher im Konfliktsfall letztlich bloß äußeren Zwang bedeute, nämlich Herrschaft derjenigen, welche jeweils maßgeblich die Welt des Menschen auslegen und Zwecke und Werte bestimmen.

---

[108] Dazu *Norberto Bobbio:* Über den Begriff der „Natur der Sache", ARSP 44 (1958) S. 305 - 321, jetzt in: Die ontologische Begründung des Rechts, a.a.O. (N. 102) S. 87 - 103; *Weischedel*, Recht und Ethik, a.a.O. (N. 100) S. 233 ff.; *Coing*, Grundzüge der Rechtsphilosophie, S. 177 ff.

[109] Vgl. *Ryffel*, Rechts- und Staatsphilosophie, S. 134 ff. (157, 160).

[110] Vgl. die durchdringende, präzise Kritik der materialen Wertethik bei *Weischedel*, Recht und Ethik, a.a.O. (N. 100) S. 247 ff.; *Victor Kraft:* Die Grundlagen einer wissenschaftlichen Wertlehre, 2. Aufl., Wien 1951; *Arnold Brecht:* Political Theory — The Foundations of Twentieth-Century Political Thought, Princeton/N. J. 1959, dt. u. d. T.: Politische Theorie — Die Grundlagen politischen Denkens im 20. Jahrhundert, Tübingen 1961, S. 342 ff.; *Ulrich Matz:* Rechtsgefühl und objektive Werte — Ein Beitrag zur Kritik des wertethischen Naturrechts (Münchner Studien zur Politik 6), München 1968; *Ryffel*, Rechts- und Staatsphilosophie, S. 156 ff., 237 ff., 249 ff.; auch *Hans-Joachim Klein:* Zur Frage der Gründung des Rechts in der Sittlichkeit, Diss. Marburg 1960, S. 44 ff., 83 ff.; *Krawietz*, Das positive Recht und seine Funktion, S. 90 ff.; *Adalbert Podlech:* Wertungen und Wert im Recht, AöR 95 (1970) S. 184 - 223 (202 ff.). Sehr zu bedenken ist hier schließlich *Welzels* Hinweis (Grenzen des Rechts, a.a.O. — N. 84 — S. 19 f.) darauf, daß bei den Operationen mit dem „objektiven Geist" der Ungeist einer Epoche allemal aus dem Spiel bleibt, und zwar — und das ist der springende Punkt — ohne daß dafür ein Grund und ein Kriterium angegeben würden.

[111] *Kant:* Grundlegung zur Metaphysik der Sitten = Kants gesammelte Schriften, hrsgg. v. d. Preuß. Akademie der Wissenschaften (Berlin 1902 ff.), Bd. IV, S. 414. *Del Vecchio* (Rechtsphilosophie, S. 367 ff.) nennt sie die bloß „technischen Normen". Vgl. dazu *Konrad Cramer:* Hypothetische Imperative? in: Rehabilitierung der praktischen Philosophie, hrsgg. v. *Manfred Riedel*, Bd. I, Freiburg 1972, S. 159 - 212.

Dagegen nun stehen diejenigen Überlegungen, welche in irgendeiner Form dem aufklärerischen Gedanken entspringen, daß — wie *Kant*[112] ihn formuliert hat — „niemand ... obligirt (ist) ausser durch seine Einstimmung", Überlegungen, die Recht und Rechtsverbindlichkeit folglich entschlossen auf Freiheit, auf die sittliche Autonomie des Menschen gründen wollen. Die alle Verpflichtungen allein tragende „Einstimmung" betreffend fährt *Kant* dann fort: „Diese ist nun entweder nothwendig oder zufällig." Und dieser Satz umfaßt die ganze Problematik autonomer Begründung des Rechts, genauer: der Rechtspflichten.

Kants eigene Theorie ist eine Theorie *notwendiger* Zustimmung; denn der freie Gehorsam gegenüber dem moralischen Gesetz, den er mit seinem Begriff der Autonomie meint[113] und in dem Persönlichkeit, ihre Würde und Verantwortlichkeit[114] wie die kategorische Verbindlichkeit des Rechts in seiner moralischen Bedeutung als Selbstgesetzgebung gründen[115], beruht auf dem „Factum der Vernunft"[116] und ist die denknotwendige Einstimmung des im Menschen steckenden Vernunftwesens in die allgemeinen Gesetze seiner ethischen Natur, in die Notwendigkeiten der reinen praktischen Vernunft[117]. *Kant* handelt insoweit vom *homo noumenon*, nicht vom empirischen Menschen in seiner Individualität und mit seinen Besonderheiten, nicht vom *homo phaenomenon*[118], und auf dieser Ebene bleibt seine Theorie einschließlich namentlich der Bestimmung des Rechts als des „Inbegriff(s) der Bedingungen, unter denen die Willkür des einen mit der Willkür des anderen nach einem allgemeinen Gesetze der Freiheit zusammen ver-

---

[112] Reflexionen zur Moralphilosophie Nr. 6645 (Ak.-Ausg. Bd. XIX S. 123).

[113] *Kants* Autonomie ist nicht Funktion einer fundamental-ontologischen „Geworfenheit", sondern nennt das eine der beiden möglichen Verhältnisse des Willens zur sittlichen Ordnung, zu dem, was a priori durch die Vernunft erkennbar richtig ist. *Hans Welzel*: Gesetz und Gewissen, Hundert Jahre deutsches Rechtsleben — Festschr. z. hundertjährigen Bestehen des Deutschen Juristentages, Bd. 1, Karlsruhe 1960, S. 383 - 400 (391): „Die Autonomie ist die Eingliederung des individuellen Willens in die allgemeine sittliche Gesetzgebung ... Sie ist die freie Selbstbindung an die objektiv sittliche Gesetzgebung in der Weise, daß der Wille die Forderung nicht als fremdes äußerliches Gebot blind übernimmt — das wäre Heteronomie — sondern so, daß er sie auf Grund der Einsicht in ihre Richtigkeit und ihre Gültigkeit in sich aufnimmt und sich selbst vorschreibt." — Vgl. *Kant*: Grundlegung zur Metaphysik der Sitten, Ak.-Ausg. Bd. IV, S. 431 ff., 440; Metaphysik der Sitten, Ed. K. Vorländer, S. 344.

[114] Grundlegung zur Metaphysik der Sitten, Ak.-Ausg. IV, S. 435 ff., 438, 440, 448; Metaphysik der Sitten, Ed. Vorländer, S. 26 f., 321 f.

[115] Metaphysik der Sitten, Ed. Vorländer, S. 34 f. mit S. 24, und Grundlegung zur Metaphysik der Sitten, Ak.-Ausg. IV, S. 438.

[116] Kritik der praktischen Vernunft, Ak.-Ausg. V, S. 31, 42, 47, 55, 91, 104.

[117] Grundlegung zur Metaphysik der Sitten, Ak.-Ausg. IV, S. 411 f., 425 ff.

[118] Vgl. Metaphysik der Sitten, Ed. Vorländer, S. 45 f.; Kritik der praktischen Vernunft, Ak.-Ausg. V, S. 42 ff., 54 ff.

einigt werden kann"[119], rein formal. Weder lassen sich daraus ohne Rückgriff auf die „besondere Natur des Menschen"[120], d. h. auf das ganz andere Prinzip der Erfahrung der historisch-konkreten Tatsächlichkeit, inhaltliche Aussagen über das Recht gewinnen[121], noch ist von daher unmittelbar die kategorische Verbindlichkeit positiver Gesetze der äußeren Gesetzgebung zu begründen, die wegen der Kontingenz ihres Inhalts und der daraus folgenden Unmöglichkeit, ihre Verbindlichkeit a priori durch die Vernunft zu erkennen, ohne diese Positivierung nicht Gesetz wären[122]. Dieser Einwand des Formalismus ist alt; schon *Hegel* hat ihn erhoben. Neueren Datums ist das seit *G. E. Moore*[123] unter dem Namen des „naturalistischen Fehlschlusses" *(naturalistic fallacy)* umlaufende Bedenken, *Kant* habe in seiner ethischen Grundlegung nicht zuverlässig zwischen theoretischen und praktischen Sätzen unterschieden, insofern er zwar empirische Seinssätze negiert, dafür aber mit seinem „Faktum der Vernunft" auf Seinssätze der rationalistischen Metaphysik zurückgegriffen habe[124]. Daher hat man neuerdings versucht, dieses Problem des transzendentalen Idealismus durch Rückgriff auf das Faktum des empirischen individuellen Willens zu vermeiden, der sich selbst will, seine Entfaltung, damit die Freiheit von willkürlichen Beeinträchtigungen durch andere und folglich auch diejenigen rechtlichen Bedingungen, unter denen — nach *Kants* Formulierung — „die Willkür des einen mit der Willkür des anderen nach einem allgemeinen Gesetz der Freiheit zusammen vereinigt werden kann"[125]. Es ist dies, genau genommen, ein Versuch, angesichts der diversen Anmaßungen absoluter Richtigkeit, gerade den Formalismus der Rechtsbegrün-

---

[119] Metaphysik der Sitten, Ed. Vorländer, S. 34 f.

[120] Vgl. ebd. S. 18.

[121] Dazu *Weischedel*, Recht und Ethik, a.a.O. (N. 100) S. 241 ff.; *Ryffel*, Rechts- und Staatsphilosophie, S. 253 ff.; auch *Laun*, Recht und Sittlichkeit, S. 60 ff.

[122] Vgl. Metaphysik der Sitten, Ed. Vorländer, S. 28: „Überhaupt heißen die verbindlichen Gesetze, für die eine äußere Gesetzgebung möglich ist, äußere Gesetze *(leges externae)*. Unter diesen sind diejenigen, zu denen die Verbindlichkeit auch ohne äußere Gesetzgebung *a priori* durch die Vernunft erkannt werden kann, zwar äußere, aber *natürliche* Gesetze; diejenigen dagegen, die ohne wirkliche äußere Gesetzgebung gar nicht verbinden, also ohne die letztere nicht Gesetze sein würden, heißen *positive* (= zufällige: vgl. ebd. S. 31 — H. H.) Gesetze. Es kann also eine äußere Gesetzgebung gedacht werden, die lauter positive Gesetze enthielte; alsdann aber müßte doch ein natürliches Gesetz vorausgehen, welches die Autorität des Gesetzgebers (d. i. die Befugnis, durch seine bloße Willkür andere zu verbinden) begründete." Dazu *Larenz*, Rechtsgeltung, S. 18 f. N. 47.

[123] Principia Ethica, Cambridge 1966.

[124] Dazu *Karl-Heinz Ilting:* Der naturalistische Fehlschluß bei Kant, in: Rehabilitierung der praktischen Philosophie I (N. 111), S. 113 - 130 (123 f.).

[125] Damit beziehe ich mich auf *Geismanns* Versuch (N. 2). Auf ihn komme ich später zurück. Vgl. unten sub III 2 nach N. 216.

dung *Kants* als eine historische Notwendigkeit[126] zu wahren und mit der Rückführung der Verbindlichkeit des Rechts auf den denknotwendig (potentiell) allgemeinen Inhalt des Willens, der die Bedingungen der Möglichkeit seiner Freiheit im Verhältnis zur Freiheit der anderen will, d. h. mit der apriorischen Reduzierung allen Rechts auf bloße Beschränkungen der Formen individueller Willensbetätigung den Rechtsstaat als „Vernunftstaat der Freiheit" zu sichern[127]. Doch provoziert das — von der Frage ganz abgesehen, ob dabei die notwendige transzendentallogische Voraussetzung einer Kommunikationsgemeinschaft hinlänglich bedacht ist[128] — natürlich neuerlich den Vorwurf des Formalismus und der überholten Fixierung auf eine liberale, Recht einfach mit individueller Freiheitsbeschränkung gleichsetzenden Vorstellungswelt. In der Tat ist die Verbindlichkeit der längst doch unumgänglichen gesetzgeberischen Sozialgestaltung in ihrem ganzen Umfang *so* schwerlich zu begründen.

Und wie, wenn man jene die Verbindlichkeit der Norm begründende „Einstimmung" nicht als denknotwendig-potentielle, sondern — nach *Kants* Formulierung — als „zufellige", d. h. als konkret-aktuelle und willkürliche versteht? Es war *Rudolf Laun*, der in seiner mehrfach aufgelegten und viel zitierten Hamburger Rektoratsrede von 1925 über „Recht und Sittlichkeit"[129] die Konsequenzen gezogen hat: „dasjenige, was die Gewalt dekretiert hat und was an sich niemand verpflichtet, wird für mich im einzelnen Anwendungsfall zum verbindlichen Recht durch die Billigung meines Gewissens oder Rechtsgefühls"[130]. Für den, der es nicht anerkennt, ist das positive Recht mit anderen Worten nichts als Gewalt, „schlechthin Gewalt". „Von einem Sollen, einer Pflicht, enthält" die Rechtsordnung als solche „nichts"[131]. Diese höchst einseitige[132] Schlußfolgerung weist zurück auf *Jherings* Satz vom Recht als der bloß „disziplinierten Gewalt"[133] und die Sentenz *Binders*, wonach

---

[126] Dazu *Willi Oelmüller:* Kants Beitrag zur Grundlegung einer praktischen Philosophie der Moderne, in: Rehabilitierung der praktischen Philosophie, Bd. II., hrsgg. v. Manfred Riedel, Freiburg 1974, S. 521 - 560 (549 f.).
[127] Vgl. *Geismann*, Ethik und Herrschaftsordnung, S. 45, 89 ff.
[128] Darüber *Karl-Otto Apel:* Zum Problem einer rationalen Begründung der Ethik im Zeitalter der Wissenschaft, in: Rehabilitierung der praktischen Philosophie II (N. 126), S. 13 - 32 (28 ff.).
[129] 3. Aufl., Berlin 1935.
[130] Ebd. S. 14.
[131] Ebd. S. 8. — Ähnlich heute wieder *Hermann Kramer* (Das Problem der Verbindlichkeit von Rechts- und Moralnormen, Salzburger Jahrbuch für Philosophie XII/XIII [1968/69], Salzburg u. München 1969, S. 225 - 251), der jede Aussage über die Verbindlichkeit einer Norm bloß für den Ausdruck eines persönlichen Bekenntnisses samt der Aufforderung hält, die betreffende Norm zu befolgen. Vgl. auch N. 82.
[132] Dazu *N. S. Timasheff:* Wie steht es heute mit der Rechtssoziologie? Kölner Zeitschr. für Soziologie und Sozialpsychologie 1956, S. 415 - 423 (416).
[133] Vgl. *Rudolf v. Jhering:* Der Zweck im Recht, 1. Bd., Leipzig 1877, S. 252.

II. Theoretische Hauptpositionen

das Recht *rechtlich* zu nichts verpflichtet[134], und beruht auf sehr radikalen Begriffen von Freiheit und Gewalt[135]. Wird hier doch schon die Regelfestlegung als solche (die *vis indicativa*), nicht erst die sie durchsetzende *vis coactiva* als Gewalt bezeichnet, weil schon jene „strukturelle" Gewalt, wie man heute wohl sagen würde, und nicht erst der Rechtszwang die absolute Autonomie des Individuums als absolute Freiheit verletzt — eine Freiheit, deren eigentümlicher Methaphysik das Bewußtsein davon verlorengegangen ist, daß rechtliche Eingrenzung der unendlichen Möglichkeiten des Menschen im Hinblick auf dessen soziale und politische Natur geradezu Voraussetzung von Freiheit und Selbstentfaltung ist.

Mit *Launs* Rückgang auf die Gewissensentscheidung des einzelnen im Einzelfall stehen wir unversehens in dem Umkreis derjenigen Überlegungen, welche mit dem Namen „Anerkennungstheorie" etikettiert zu werden pflegen. Akzentuiert man *Launs* „Korrektur" *Kants*[136] nämlich dahin, daß die Wirkungskraft des positiven Rechts wesentlich von der (generellen) Billigung durch die Rechtsunterworfenen abhängt[137], daß von tatsächlicher Geltung zuverlässig erst gesprochen werden kann, „wenn die Norm von der Überzeugung der überwiegenden Zahl (der Gemeinschafts-)Glieder getragen und grundsätzlich befolgt wird"[138], wenn sie (nach den Worten des *Gratianischen Dekrets*) in die Sittenordnung aufgenommen ist[139] (aus der allein sie wiederum gelernt wird[140]) — dann resultiert daraus die mit gutem Grund herrschende

---

[134] *Julius Binder*: Rechtsnorm und Rechtspflicht, Leipzig 1912, S. 47; *ders.*: Der Adressat der Rechtsnorm und seine Verpflichtung (Abh. d. Rechts- u. Staatswiss. Fak. d. Univ. Göttingen 5), Leipzig 1927, S. 73.

[135] Dazu und zum folgenden vorzüglich *Matz*, Politik und Gewalt, S. 52 ff. (59), 70 ff.

[136] Ursprünglich identifiziert *Laun* sich mit dem Autonomiebegriff *Kants* (a.a.O. — N. 129 — S. 28), setzt sich später aber bewußt von ihm ab (a.a.O. S. 66 ff.; vgl. auch *ders.*: Der Satz vom Grunde, 2. Aufl., Tübingen 1956, S. 296 ff., 306 f., 329 f.). Deswegen würde ich nicht einfach von einem Mißverständnis des Kantschen Autonomiebegriffs sprechen, wie *Welzel* das in seiner Laun-Kritik (Gesetz und Gewissen, a.a.O. — N. 113 — S. 390) tut.

[137] In diesem Sinne *Laun*, Recht und Sittlichkeit, S. 21 ff.

[138] *Scheuner*, Gesetzgebung und Politik, a.a.O. (N. 58) S. 890. Grundsätzlich gegen die Anerkennungstheorie *Ulrich Meyer-Cording*: Die Rechtsnormen, Tübingen 1971, S. 52 ff., der darin das Spiegelbild der romantischen Vorstellung von der Schöpfung des Rechts durch den Gemeingeist sieht.

[139] C.3 D.4: *Leges instituuntur, cum promulgantur, firmantur, cum moribus utentium approbantur. Sicut enim moribus utentium in contrarium nonnullae leges hodie abrogatae sunt, ita moribus utentium ipsae leges confirmantur.*

[140] Grundlegend dazu *Max Ernst Mayer*: Rechtsnormen und Kulturnormen, Darmstadt 1965 (Nachdr. der Ausg. Breslau 1903), wonach sich demzufolge auch die Anerkennung des Bürgers „nicht auf die in Rechtsform gegossene Norm (bezieht), sondern auf die gleichlautende, die er aus der Kultur, unter der er lebt, kennen gelernt hat" (S. 17). Vgl. auch *Borucka-Arctowa*, Die gesellschaftliche Wirkung des Rechts, S. 83.

Meinung darüber, worin im Gegensatz zur Macht- oder Zwangstheorie[141] das entscheidende *reale* Element (faktischer) Rechtsgeltung zu sehen sei[142]. Freilich: im Sinne des Autonomiegedankens jener Metaphysik der Freiheit war mehr und anderes intendiert gewesen. So hatte *Laun* ja Grund und Grenze der *sittlichen* Verbindlichkeit des Rechts dartun wollen, und nicht weniger weit gingen die Absichten der Begründer jener ursprünglich *individuellen* „Anerkennungstheorie": die Intentionen *Carl Theodor Welckers*[143] und *Ernst Rudolf Bierlings*[144]. Doch hatte schon *Welcker* seinen der vorkritischen Tradition des Sozialvertragsgedankens entstammenden Ansatz individueller Anerkennung nicht durchhalten können. Daß die Vorstellung individueller Anerkennung in der Folgezeit in dreifacher Hinsicht schrumpfte — nämlich (erstens) auf eine bloß habituelle Anerkennung, und zwar (zweitens) nur der Rechtsordnung im großen und ganzen und (drittens) bloß durch einen mehr oder weniger großen Teil der Normunterworfenen[145] —

---

[141] Siehe oben N. 95. Eindringliche Kritik dieses Ansatzes bei *Hart,* The Concept of Law, Kap. II - IV. Zum folg. *Ott,* Rechtspositivismus, S. 56 ff. (Anerkennungstheorien als Formen eines psychologischen Positivismus).

[142] Vgl. neben *Scheuner* (N. 138) *Georg Jellinek:* Allgemeine Staatslehre, 5. Neudr. d. 3. Aufl., Darmstadt 1960, S. 333 ff.; *Gerhard Leibholz:* Die Gleichheit vor dem Gesetz, 2. Aufl., München u. Berlin 1959, S. 65 f.; *H. Heller:* Staatslehre, S. 191 ff.; *Günter Stratenwerth:* Zum Streit der Auslegungstheorien, Festschr. f. Oscar Adolf Germann, Bern 1969, S. 257 - 273 (269 f.); *René Marcic:* Rechtsphilosophie, Freiburg 1969, S. 167; sowie die Nachw. bei *Welzel,* Grenzen des Rechts, a.a.O. (N. 84) S. 10 - 16, wobei jedoch der Einordnung *Max Webers* in diesen Zusammenhang (ebd. S. 12 mit N. 27) entschieden widersprochen werden muß. Die Hinweise auf *Wirtschaft und Gesellschaft,* die *Rechtssoziologie* und die *Gesammelten Aufsätze zur Soziologie und Sozialpolitik* sparen die klaren Zeugnisse der Zwangstheorie (S. 182 ff. bzw. S. 54 ff. bzw. S. 478) aus. Richtig *Ott,* Rechtspositivismus, S. 78 ff. Möglicherweise hat sich hier *J. Winckelmanns* Vorbericht zur Rechtssoziologie (Neuwied 1960, S. 22 ff. mit N. 5) als irreführend erwiesen: „Einverständnis" meint bei M. Weber bloße Fügsamkeit, nicht Anerkennung in dem hier besprochenen Sinn. Daß der von Winckelmann dabei erwähnte *Bierling* in der letzten Konsequenz seiner *individuellen* Anerkennungstheorie auch insoweit noch (unzutreffend) von „Anerkennung" gesprochen hat, steht auf einem anderen Blatt (vgl. unten).

[143] *Carl Theodor Welcker:* Die letzten Gründe von Recht, Staat und Strafe philosophisch und nach den Gesetzen der merkwürdigsten Völker rechtshistorisch entwickelt, Gießen 1813, S. 71 ff. Ihn hat *H.-L. Schreiber* wiederentdeckt: Der Begriff der Rechtspflicht, S. 85 - 90.

[144] Ist das Recht einer freien Vereinskirche Recht im juristischen Sinne? Zeitschr. f. Kirchenrecht X (1871) S. 442 - 446 (443): „Also kein Staat ohne Recht, nicht aber umgekehrt. Vielmehr ist Recht (in abstracto) Alles, was innerhalb irgend eines bestimmten Kreises von Menschen als Norm und Regel ihres äussern, gleichviel *wie* und *wodurch* bestimmten Zusammenlebens anerkannt (in Geltung) ist." Das Wesen des positiven Rechts und das Kirchenrecht, Zeitschr. f. Kirchenrecht XIII (1876) S. 256 - 291 (286 ff.); Zur Kritik der juristischen Grundbegriffe, 1. Teil, Gotha 1877; 2. Teil, Gotha 1883, S. 351 ff.; Juristische Prinzipienlehre, 1. Bd., Freiburg i. B. u. Leipzig 1894, S. 41 ff., 107 ff., 5. Bd., Tübingen 1917, S. 174 ff.

[145] Bei *Bierling* sieht das so aus (vgl. dazu *H.-L. Schreiber,* Begriff der Rechtspflicht, S. 90 ff.): Der dem normativen Ziel entsprechende individual-

und daß die Theorie so von der individuellen zur generellen Anerkennung überging und damit zugleich ihre Funktion änderte[146], das war unvermeidlich. Unvermeidlich dann aber wiederum auch die Frage, warum das positive Recht eines Staates auch für diejenigen verbindlich sein soll, die ihm nicht zustimmen[147]. D. h.: wenn die Anerkennungstheorie auch als generelle noch normative Geltung begründen will, dann ist sie den Einwendungen nicht gewachsen, die frühzeitig schon *Kelsen* formuliert hat[148].

---

psychologische Ansatz verlangt unvermeidliche Anerkennung des Rechts durch *alle* Rechtsgenossen. Da nun aber *ein bewußter Akt der Anerkennung* von jedem einzelnen nicht erwartet werden kann und darüber hinaus auch mit Opponenten zu rechnen ist, muß Bierling ein „ununterbrochenes, habituelles Respectieren, sich gebunden oder unterworfen Fühlen" (Kritik d. jurist. Grundbegriffe I, S. 8) genügen lassen, und zwar auch dann, wenn es mit Gewalt erzwungen ist (Principienlehre I, S. 46); folglich will er sogar eine „unbewußte, unwillkürliche Anerkennung" gelten lassen (Kritik der jurist. Grundbegriffe I, S. 82); die fehlende Anerkennung seitens der Willensunfähigen sieht er durch diejenige des jeweiligen Familienhauptes ersetzt (ebd. S. 136). Anerkennung i. S. bewußter Billigung ist also die Sache bloß eines mehr oder minder großen Teils der Rechtsgenossen. *Gegenstand der Anerkennung* schließlich müßte eigentlich jede einzelne Rechtsvorschrift des jeweiligen Rechtssystems sein — ein irreales Postulat. Bierling hilft sich mit der auf den systematischen Zusammenhang der Rechtsordnung rekurrierenden, nur mehr logischen Konstruktion der „indirekten" Anerkennung: „Ist auch nur der eine Satz anerkannt, daß Anordnungen gewisser Personen im Staat die Volksgenossen binden sollen, so sind eben damit alle Anordnungen dieser Art so lange mit anerkannt, als jener eine Satz anerkannt ist. Umgekehrt muß derjenige, der irgendeine einzelne dieser Anordnungen als Recht in Anspruch nimmt, regelmäßig auch den Grund anerkennen, aus welchem sie allein in Anspruch genommen werden kann." (Kritik d. jurist. Grundbegriffe I, S. 135 f.) m. a. W.: Der Dieb anerkennt das Diebstahlsverbot, wenn und weil er die Straßenverkehrsregeln respektiert oder einen arbeitsgerichtlichen Prozeß führt.

[146] Begründung der Effektivität statt der Verbindlichkeit einer Rechtsordnung. Der Wendepunkt wird markiert durch die Namen *Adolf Merkel* (Elemente der allgemeinen Rechtslehre, in *ders.*: Gesammelte Abhandlungen, II. Teil 2. Hälfte, Straßburg 1899, S. 577 - 647 [590 f.]), *Georg Jellinek* (Die rechtliche Natur der Staatenverträge, Wien 1880, S. 13, 16 ff.; Allgemeine Staatslehre, S. 371), *Frhr. Alexander Hold v. Ferneck* (Die Rechtswidrigkeit, 1. Bd., Jena 1903, S. 188, 97: „Es entsteht also ein Widerspruch: Pflicht im wahren Sinne enthält immer das ethische Moment des Sichverpflichtetfühlens, und: Rechtspflicht erfordert nicht in jedem einzelnen Falle eine subjective Anerkennung. Der Widerspruch löst sich, wenn man bedenkt, dass das Recht eine sociale, generelle Macht ist, wonach nicht jede einzelne rechtliche Verpflichtung, wohl aber die weit überwiegende Mehrzahl das Moment der Anerkennung mit sich führt; weiteres, indem man die inhaltliche Seite heranzieht und erwägt, dass jeder, der sich durch Auferlegung einer Pflicht lediglich bezwungen fühlt, auch seinerseits gegen Widerstrebende geschützt wird, wenn seine Interessen von ihnen bedroht werden.") und *Gustav Radbruch* (Rechtsphilosophie, S. 177 ff., 182 f.). — Zur Vorgeschichte *Siegfried Brie*: Die Legitimation einer usurpirten Staatsgewalt. Erste Abtheilung, Heidelberg 1866, S. 58 ff. („Legitimation durch Anerkennung von Seiten des Volkes").

[147] Vgl. oben bei N. 84.

[148] Hauptprobleme der Staatsrechtslehre, 2. Aufl., Tübingen 1923 (Neudr. Aalen 1960), S. 350 ff., wo sich Kelsen mit beiden Varianten der Anerken-

Kurzum: Die Theorie der individuellen Anerkennung läßt sich nicht durchhalten, und die Theorie genereller im Sinne überwiegender Anerkennung vermag nur faktische, aber nicht normative Rechtsgeltung zu begründen. Und trotzdem: Steckt in dieser Theorie mit ihren Elementen der Freiwilligkeit, des Genossenschaftlichen und der Majorität nicht ein gut demokratischer Gedanke? Ist Verpflichtung ohne irgendeine Form von Anerkennung denkbar[149]? Haben wir hinlänglich bedacht, daß *Bierlings* Theorie ursprünglich um die rechtliche Verbindlichkeit des nicht staatlich gesetzten *und* sanktionierten Rechts, um Kirchenrecht, Völkerrecht und um das, was *Bierling* den „Kern des Staatsrechts" nannte und wir Verfassungsrecht nennen würden[150], sich drehte? Darauf wird zurückzukommen sein.

Vorerst bleibt im Rückblick auf unseren Ausgangspunkt festzuhalten, daß in all diesen Versionen rechtsethischen Denkens die Frage der Verfassungsmäßigkeit einer Norm, allgemeiner: der Gesichtspunkt des Rechtserzeugungszusammenhangs, nicht eben eine bedeutende Rolle spielt. Wenn man die diesbezüglichen positivistischen Sentenzen bedenkt — etwa diejenige *Bergbohms*, wonach „auch das niederträchtigste Gesetz" als verbindlich anerkannt werden müsse, „sofern es nur formell korrekt erzeugt ist"[151], die „unumstößliche Wahrheit" *Somlós*, daß der Staat „jeden beliebigen Rechtsinhalt setzen kann"[152], und die gleichsinnigen Äußerungen *Kelsens* über das NS-Recht[153] — so scheint das nur allzu verständlich. In der Perspektive der Legitimitätstheorie des demokratischen Verfassungsstaates aber, der wir uns jetzt zuzuwenden haben, nimmt sich das alles doch etwas anders aus.

2. Verfassungsstaatliche Legitimität

Prinzip des Verfassungsstaates der Neuzeit ist die Mäßigung der Macht durch Bindung an bestimmte Grundregeln ihrer Ausübung, welche die öffentliche Gewalt durch institutionelle Aufgliederung wie

---

nungstheorie auseinandersetzt. Dazu *Ernst A. Kramer:* Kelsens „Reine Rechtslehre" und die „Anerkennungstheorie", Festschr. f. Adolf J. Merkl, München—Salzburg 1970, S. 187 - 199.

[149] Vgl. *Karl-Heinz Ilting:* Anerkennung. Zur Rechtfertigung praktischer Sätze, in: Rehabilitierung der praktischen Philosophie II (N. 126), S. 353 bis 368 (364 ff.).

[150] Vgl. N. 144 und Kritik d. jurist. Grundbegriffe I, S. 8 f.

[151] *Karl Bergbohm:* Jurisprudenz und Rechtsphilosophie, Bd. I, Leipzig 1892, S. 144. (Daß die an dieser Stelle in Auseinandersetzung mit *Stammler* nur hypothetisch beschriebene Konsequenz der „realistischen" Doktrin *Bergbohms* eigener Auffassung entspricht, wird anderwärts genügend deutlich: vgl. etwa S. 80 u. 398). Ebenso später RGZ 118, 325 ff. (327).

[152] *Felix Somló:* Juristische Grundlehre, 2. Aufl., Leipzig 1927, S. 308 f.

[153] Siehe oben N. 88.

durch individuelle Freiheitsrechte beschränken[154]. Mit der institutionellen Sonderung der Gesetzgebung als der Hauptfunktion des modernen Staates und der damit möglich gemachten Rangordnung der Gewalten[155] wird Gesetzmäßigkeit der Staatstätigkeit im Sinne einer gewissen, durch die Allgemeinheit des Gesetzes[156] verbürgten Rationalität zur Bedingung ihrer Rechtmäßigkeit — wie immer sie im übrigen begründet, woraus auch immer die Gesetzgebungsgewalt als solche hergeleitet werden mochte. Das war es, was *Max Weber* als den Typus rationaler Herrschaft begriff: gesetzesförmige und durch Verfahren regulierte Herrschaft[157] — was aber für sich allein allemal nur die Vermutung der Legitimität zu begründen vermag. Insofern nun das aufklärerische, bürgerliche Sicherheit und eine gewisse Form von Freiheit garantierende Kodifikationsprinzip auf den Gedanken konstitutioneller Mäßigung der Macht selbst dergestalt zurückwirkt, daß jetzt auch die Verfassung als Gesetz, als etwas — notfalls revolutionär — Machbares verstanden wird, da verändert sich die Frage nach dem Grunde der Staatsgewalt in einer spezifischen Weise. Das Problem der Legitimität stellt sich auf einer neuen, einer zweiten Stufe: Aus der Frage nach der Legitimität der etablierten, der konstituierten Gewalt wird — mit dem *Abbé Sieyès* zu reden — die Frage nach dem Subjekt der konstituieren-

---

[154] Vgl. *Ulrich Scheuner:* Grundfragen des modernen Staates, in: Recht, Staat, Wirtschaft, hrsgg. v. *H. Wandersleb,* 3. Bd., Düsseldorf 1951, S. 126 bis 165 (132); *ders.:* Art. Verfassung, Staatslexikon der Görres-Gesellschaft, 6. Aufl., Bd. 8, Freiburg 1963, Sp. 117 - 127; *C. J. Friedrich,* Der Verfassungsstaat der Neuzeit, S. 26, 143, 147 und passim; *Friedrich August von Hayek:* The Constitution of Liberty, Chicago/London 1960, dt. u. d. T.: Die Verfassung der Freiheit (Walter Eucken Institut Freiburg i. Br. — Wirtschaftswiss.- u. wirtschaftsrechtl. Unters. 7), Tübingen 1971, S. 221 ff.

Die Theorie des demokratischen Verfassungsstaates ist also i. S. der von *Fritz Scharpf* (Demokratietheorie zwischen Utopie und Anpassung, 2. Aufl., Konstanz 1972, S. 21 ff.) eingeführten Unterscheidung ganz entschieden eine *output-*orientierte Theorie.

[155] Über den sog. Vorrang des Gesetzes als Sinn der Gewaltenteilung *Michael Troper:* La séparation des pouvoirs et l'histoire constitutionelle française, Paris 1973. Sehr erhellend auch schon die *Montesquieu-*Interpretation von *Martin Drath:* Bemerkungen zur Theorie des Gesetzgebungsstaats, Kölner Zeitschr. f. Soziologie und Sozialpsychologie 17 (1965) S. 556 bis 567 (561 ff.).

[156] Dazu *Starck,* Gesetzesbegriff, S. 109 ff., 195 ff.; *René Marcic:* Das Gesetz — Fragmente eines Abrisses der Begriffsgeschichte und -bestimmung, Festschr. f. Ernst Carl Hellbling, Salzburg 1971, S. 447 - 475 (455 ff.); *Grawert,* Entwicklungslinien des neuzeitlichen Gesetzesrechts, a.a.O. (N. 58) S. 10 ff.; *Scheuner,* Gesetzgebung und Politik, a.a.O. (N. 58) S. 898 f. Kritisch dazu *Karl Zeidler:* Massnahmegesetz und klassisches Gesetz, Karlsruhe 1961, S. 104 ff.; *Meyer-Cording,* Die Rechtsnormen, S. 22 f., 31 ff.; *Erhard Denninger:* Staatsrecht — 1. Die Leitbilder (rororo studium 34), Reinbek bei Hamburg 1973, S. 115 f.

[157] Vgl. oben N. 47.

den, der verfassunggebenden Gewalt[158]: Wer hat das Recht, die Grundregeln staatlicher Machtausübung festzulegen?

Darauf gab es historisch nicht nur die Antwort der Volkssouveränität, des „vereinigten Willens aller", sondern im Gegenzug der nachnapoleonischen Restauration auch und vorrangig die des sog. „monarchischen Prinzips", welche den Vorgang der Verfassunggebung als Selbstbeschränkung der fürstlichen Souveränität hinsichtlich ihrer Ausübung zu interpretieren suchte[159]. Auf jeden Fall aber scheint das nun voll ausgebildete verfassungsstaatliche Legalitätssystem die Frage der Legitimität qua Theorie der verfassunggebenden Gewalt zu einer gänzlich systemtranszendenten zu machen, d. h. zu einer philosophischen oder ideologischen Kategorie umzuformen, welche das positive Rechtssystem mit einer quasi beliebigen Rechtfertigungslehre, mit irgendeiner Philosophie über den verfassungstranszendenten Urgrund aller Rechtsmacht, über das politische *quo maius nihil cogitare potest* verklammert[160]. Ganz so einfach liegen die Dinge indessen nicht.

So wie das monarchische Prinzip als Zuständigkeitsvermutung und als latentes Rechtfertigungspotential in die Verfassungen des deutschen Konstitutionalismus hineinwirkte — die zahlreichen Verfassungskonflikte des 19. Jahrhunderts zeigen das[161] —, so strukturiert andererseits

---

[158] Vgl. dazu *Egon Zweig:* Die Lehre vom Pouvoir Constituant — Ein Beitrag zum Staatsrecht der französischen Revolution, Tübingen 1909, S. 136 ff.; *Robert Redslob:* Die Staatstheorien der französischen Nationalversammlung von 1789 — Ihre Grundlagen in der Staatslehre der Aufklärungszeit und in den englischen und amerikanischen Verfassungsgedanken, Leipzig 1912, S. 145 ff., 151 ff.; *Karl Loewenstein:* Volk und Parlament nach der Staatstheorie der französischen Nationalversammlung von 1789 — Studien zur Dogmengeschichte der unmittelbaren Volksgesetzgebung, München 1922 (Neudr. Aalen 1964), S. 12 ff., 29 ff., 278 ff.; *Carl Schmitt:* Verfassungslehre, 5. Neudr., Berlin 1970, S. 75 ff.; auch *Walter Leisner:* Verfassunggebung und Verfassungskontrolle in Frankreich und Deutschland, Diss. München 1957, S. 153 ff.

[159] Belege bei *Hofmann*, Repräsentation, S. 416 f.

[160] Vgl. *Peter Badura:* Art. Verfassung, in: Evangelisches Staatslexikon, hrsgg. v. Hermann Kunst u. Siegfried Grundmann, Stuttgart/Berlin 1966, Sp. 2343 - 2354 (2347 f.); in der 2. Aufl. dieses vorzüglichen Nachschlagewerkes (Berlin 1975): Sp. 2708 - 2725 (2714).

[161] Dazu *Karl Heinrich Friauf:* Der Staatshaushaltsplan im Spannungsfeld zwischen Parlament und Regierung I, Bad Homburg v. d. H./Berlin/Zürich 1968. Besonders interessant in diesem Zusammenhang die preußische Verfassungslage: Die preußische Verfassung enthielt weder in der oktroyierten Fassung v. 5. 12. 1848 noch in der revidierten Fassung v. 31. 1. 1850 einen dem Art. 57 der Wiener Schlußakte v. 1820 entsprechenden Satz. (Jener Art. lautete: „Da der deutsche Bund, mit Ausnahme der freien Städte, aus souverainen Fürsten besteht, so muß dem hierdurch gegebenen Grundbegriffe zufolge die gesammte Staats-Gewalt in dem Oberhaupte des Staates vereinigt bleiben, und der Souverain kann durch eine landständische Verfassung nur in der Ausübung bestimmter Rechte an die Mitwirkung der Stände gebunden werden." Zu diesem „staatsrechtlichen Kunstgriff hohen Ranges" *Ernst*

die Volkssouveränitätsdoktrin den demokratischen Verfassungsstaat mit ihrem Grundsatz, daß alle Staatsgewalt vom Volke ausgehe, insofern dieser Satz in der periodischen Legitimation des Gesetzgebers durch Volkswahlen realisiert wird und über den nicht nur rechtsstaatlich, sondern auch demokratisch bedeutsamen Vorrang des Gesetzes[162] in alle Bereiche der Staatstätigkeit ausstrahlt. Hinzukommt neben dem Prinzip der Verantwortlichkeit und der Kontrolle namentlich noch der Grundsatz der Mehrheitsentscheidung[163]. Zieht man diese staatsrechtlichen Kompensationen der legalistischen Abdrängung des Legitimitätsproblems in den Bereich der Verfassunggebung in Betracht und nimmt den für den Verfassungsstaat gleichfalls fundamentalen Grundrechtsschutz hinzu, so gewinnt der in der Philosophie der Rechtsgeltung allenfalls nebenbei behandelte Satz von der Rechtfertigung der Legalität allein aus dem Rechtserzeugungsverfahren — in der Logik der von *Gerd Roellecke* demonstrierten Entwicklung der Moderne, welche die Frage nach dem richtigen Gesetz in die nach dem richtigen Gesetzgeber verwandelt und von daher zur Frage nach der rechten Ordnung des Gesetzgebungsverfahrens führt[164] — doch ein ziemlich hohes Maß an

---

Rudolf Huber: Deutsche Verfassungsgeschichte seit 1789, Bd. I, 2. Aufl., Stuttgart/Berlin/Köln/Mainz 1967, S. 651 ff.) Folglich hat die liberale Opposition mitunter bestritten, daß die Preußische Verfassung auf dem monarchischen Prinzip beruhe; vgl. *Carl Welcker:* Der Preußische Verfassungskampf, Frankfurt a. M. 1863, S. 15. Damit wurde behauptet — und diese oppositionelle Behauptung macht die Funktion des monarchischen Prinzips sehr klar —, daß die ausgehandelte preußische Verfassung den König als verfassungsmäßiges Staatsoberhaupt neu legitimiere und keine Zuständigkeitsvermutung zugunsten des Königs enthalte (*Eduard Lasker:* Zur Verfassungsgeschichte Preußens, Leipzig 1871, S. 370 f.). Anders natürlich die (*Bismarcksche*) Staatspraxis und die offizielle Doktrin; vgl. *Ludwig v. Rönne:* Das Staatsrecht der Preußischen Monarchie, 1. Bd., 5. v. *Philipp Zorn* bearb. Aufl., Leipzig 1899, S. 7 f. Verbreitet war auch der Rückgriff auf § 1 II 13 PrALR („Alle Rechte und Pflichten des Staats gegen seine Buerger und Schutzverwandten vereinigen sich in dem Oberhaupte desselben."), wie man ihn z. B. bei *Gerhard Anschütz:* Die gegenwärtigen Theorien über den Begriff der gesetzgebenden Gewalt und den Umfang des Königlichen Verordnungsrechts nach preussischem Staatsrecht, 2. Aufl., Tübingen u. Leipzig 1901, S. 3, 6, findet. Dazu *Erich Kaufmann:* Studien zur Staatslehre des monarchischen Prinzips (1906), jetzt in *ders.:* Autorität und Freiheit (= Ges. Schriften, Bd. I), Göttingen 1960, S. 1 - 49 (43 ff.). — Allgemeiner über das monarchische Prinzip als eine (in der preuß. Verf. ungeschriebene) bloße Zuständigkeitsvermutung *Rudolf Smend:* Die Preussische Verfassungsurkunde im Vergleich mit der Belgischen, Göttingen 1904, S. 30, 49, 62, 82. Vgl. insgesamt dazu *Kurt Wolzendorff:* Staatstheoretische Formen für politische Ideen, AöR 34 (1915), S. 477 - 490 (478 ff.), und zusammenfassend den III. Teil *meines* demnächst erscheinenden Beitrages „Das Problem der cäsaristischen Legitimität im Bismarckreich".

[162] Näher dazu später unter IV 1.

[163] Dazu unten sub IV 2.

[164] *G. Roellecke:* Der Begriff des positiven Gesetzes und das Grundgesetz, 1969. Vgl. auch *Ryffel,* Rechtssoziologie, S. 289.

2. Verfassungsstaatliche Legitimität

Plausibilität[165]. Scheint es von daher immerhin möglich, Gründe dafür anzugeben, „daß bestimmte formale Verfahren unter bestimmten institutionellen Randbedingungen materiale Gerechtigkeitsansprüche erfüllen"[166].

Freilich: In dem Prozeß der Positivierung des Rechts, seiner Umwandlung in ein Legalitätssystem, steckt andererseits eine Tendenz zur Auflösung der verfassungsstaatlichen Grundlagen eben dieses Prozesses. Droht doch mit der Positivierung des Verfassungsrechts eo ipso die Gefahr der Einebnung des inhaltlichen und funktionellen Unterschieds zwischen Verfassung und einfachem Gesetzesrecht, die Gefahr, daß diese qualitative Differenz zum rechtstechnischen Unterschied erschwerter Abänderbarkeit verkürzt wird[167]. Und in dem Maße der Positivierung, der ‚Vergesetzlichung' der Verfassung — wozu in Deutschland traditionell eine besondere Neigung besteht, andernfalls würde wohl z. B. die Antithese von Verfassungsrecht und Verassungswirklichkeit bei uns nicht so oft strapaziert[168] —, in dem Maße der Positivierung der Verfassung also kann der Gedanke beliebiger instrumenteller Verfügbarkeit auch des Verfassungsrechts wachsen — wie sehr und mit welchen Folgen, das lehrt die Geschichte der Weimarer Republik. Am Ende zeichnet sich dann die Vorstellung des *einen* Gesetzgebers ab, von dem das Reichsgericht in positivistischer Zuspitzung gemeint hat, er sei „selbstherrlich und an keine anderen Schranken gebunden als diejenigen, die er sich selbst *in der Verfassung oder in anderen Gesetzen* gezogen hat"[169]. Man erinnert sich demgegenüber daran, daß die französische Nationalversammlung von 1789 ihre Deklaration der Menschen- und Bürgerrechte noch keineswegs als einen Akt der Rechtsetzung, nicht als nationale rechtliche Begrenzung der Machtansprüche einer etablier-

---

[165] Natürlich ist die verfassungsstaatliche Entwicklung mit ihren liberaldemokratischen Implikationen Hintergrund (aber eben nur Hintergrund) auch und gerade der den Gesichtspunkt des Rechtserzeugungszusammenhanges hervorkehrenden „reinen" Rechtstheorie *Kelsens*, der sich im übrigen selbst wiederholt dazu bekannt hat.

[166] So *Habermas* (Legitimationsprobleme, S. 137) in seiner Auseinandersetzung mit *Luhmann*, der mit seiner Theorie (vgl. oben N. 49) in gewisser Weise ja den positivistischen Ansatz fortführt.

[167] *Scheuner*, Grundfragen des modernen Staates, a.a.O. (N. 154) S. 133: „Wo der formale Begriff der Verfassung als Gesetz höheren Ranges die Oberhand gewinnt, und die Vorstellung der Verfassung als einer inhaltlich bestimmten unverbrüchlichen Grundlage des Staates verdrängt, wird die Beständigkeit der Verfassungsordnung mit ihren Sicherungen der Freiheit von einer positivistischen Auflösung bedroht."

[168] Vgl. *Wilhelm Hennis:* Verfassung und Verfassungswirklichkeit — Ein deutsches Problem (Recht u. Staat 373/4), Tübingen 1968. Dazu die Bespr. v. *Ernst-Wolfgang Böckenförde* in: Der Staat 9 (1970) S. 533 - 536.

[169] RGZ 118, 327. Hervorhebung von mir.

ten Gewalt[170], sondern vielmehr als menschheitsweit bedeutsame Erklärung des französischen *pouvoir constituant* über die Grundlagen eines jeden — nach französischem Verständnis fraglos vom Individuum her — allererst aufzubauenden bürgerlichen Rechtsstaates[171] verstand — nicht zu reden von dem, was der Kritiker dieser Revolution *Edmund Burke* meinte, wenn er von *constitution* sprach[172]. In Frankreich war eine Folge dann etwa die, daß die Geltung der Prinzipien von 1789 auch in der 3. Republik niemand bezweifelte, wiewohl kein Verfassungsartikel sie anerkannte. „Sie sind", schrieb *Georg Jellinek* seinerzeit, „nicht aufgehoben, weil sie unaufhebbar sind"[173].

An dieser Stelle zeigt sich die Notwendigkeit einer materialen Verfassungstheorie ebenso wie sich die Möglichkeit andeutet, unsere Fragen der Legitimität und der Rechtsgeltung als Problem einer solchen Verfassungslehre zu formulieren.

---

[170] Dazu *Alfred Voigt:* Geschichte der Grundrechte, Stuttgart 1948, S. 28 ff.; *Gerhard Oestreich:* Geschichte der Menschenrechte und Grundfreiheiten im Umriß (Hist. Forsch. 1), Berlin 1968, S. 73; *Jürgen Sandweg:* Rationales Naturrecht als revolutionäre Praxis — Untersuchungen zur „Erklärung der Menschen- und Bürgerrechte" von 1789 (Hist. Forsch. 6), Berlin 1972 (dazu *meine* Bespr. AöR 100 [1975] S. 344 - 347). Vgl. jetzt auch *Georg Picht:* Zum geistesgeschichtlichen Hintergrund der Lehre von den Menschenrechten, Festschr. f. Eberhard Menzel, Berlin 1976, S. 289 - 305 (296).

[171] Vgl. *Zweig,* Die Lehre vom Pouvoir Constituant, S. 244 f., 250 f. Ich halte es demgemäß für eine Verkürzung und Vereinfachung, wenn *Martin Kriele* in seiner *Otto Vossler* (Studien zur Erklärung der Menschenrechte [1930], jetzt in: Zur Geschichte der Erklärung der Menschenrechte, hrsgg. v. *Roman Schnur* [Wege d. Forsch. XI], Darmstadt 1964, S. 166 - 201) verpflichteten Studie „Zur Geschichte der Grund- und Menschenrechte" (Festschr. f. Hans Ulrich Scupin, Berlin 1973, S. 187 - 211 [194 f.]) diese Rechte als „Antwort auf die Tendenzen zur Souveränität" charakterisiert. Denn in Frankreich waren eben auch und gerade ein Mittel, um Souveränität, nämlich die neue Souveränität der Nation, zu begründen und zu etablieren. Natürlich nimmt Kriele in der alten Kontroverse über den Ursprung der Menschen- und Bürgerrechte dann folgerichtig gegen *Boutmy* insoweit für *G. Jellinek* Partei, als dieser den Ursprung der Menschenrechte in Amerika behauptet hatte. Zeugnisse dieser Kontroverse in dem angeführten, von *R. Schnur* hrsgg. Sammelband. Zum objektiven rechts- und staatskonstruktiven Charakter der Rechtserklärung von 1789 sehr klar auch *Walter Leisner:* Grundrechte und Privatrecht (Münchener öffentl.-rechtl. Abh. 1), München 1960, S. 22 ff.

[172] Vgl. dazu *Hans-Gerd Schumann:* Edmund Burkes Anschauungen vom Gleichgewicht in Staat und Staatensystem, Meisenheim am Glan 1964, S. 36; *Dolf Sternberger:* Der Begriff der Repräsentation im Streit zwischen Burke und Paine, PVS (1967) S. 526 - 543 (530 ff.), neue Fass. (u. d. T.: Edmund Burkes Verteidigung der Repräsentation gegen die Demokratie) jetzt in *ders.:* Nicht alle Staatsgewalt geht vom Volke aus — Studien über Repräsentation, Vorschlag und Wahl, Stuttgart/Berlin/Köln/Mainz 1971, S. 40 - 58; *Eberhard Schmidt-Aßmann:* Der Verfassungsbegriff in der deutschen Staatslehre der Aufklärung und des Historismus — Untersuchungen zu den Vorstufen eines hermeneutischen Verfassungsdenkens (Schriften z. Öffentl. Recht 53), Berlin 1967, S. 132 ff.; *Hofmann,* Repräsentation, S. 458 ff.

[173] *Georg Jellinek:* Verfassungsänderung und Verfassungswandlung. Eine staatsrechtlich-politische Abhandlung, Berlin 1906, S. 4.

III. Rechtsgeltung im demokratischen Verfassungsstaat

1. Gesetz und Verfassung

Wird die Vorstellung von Rechtserzeugung um den wesentlichen Unterschied von Verfassung und Gesetz in der eben geschilderten Weise positivistisch verkürzt, dann — aber auch nur dann — ist die Richtigkeit des Satzes, daß aus der Legitimität des Erzeugungsaktes kein Schluß auf die Legitimität des Sollensanspruches der Norm gezogen werden könne, schwerlich zu bestreiten. Denn Legitimität des Erzeugungsaktes bedeutet unter solcher Voraussetzung ja nicht mehr als die Einhaltung formaler Rechtsetzungsregeln, die ihrerseits durch nichts als ihre Positivität ausgewiesen und folglich eine Frage beliebiger Setzung sind. Und die durch nichts als die Existenz eines Gesetzgebungsverfahrens begründete Annahme eines souveränen, an keine als die jeweils selbstgesetzten Schranken gebundenen Gesetzgebungswillens vermag allerdings die Rechtsverbindlichkeit der Befehle dieses Willens nicht inhaltlich zu begründen. Anders aber verhält es sich, wie dargelegt, wenn man vom Legitimationsmodell des demokratischen Verfassungsstaates, d. h. von der Annahme eines in seiner Bedeutung der ontologischen Differenz von Seiendem und Sein vergleichbaren essentiellen Unterschieds zwischen Gesetz und Verfassung ausgeht, also von einer zwar nicht notwendig unveränderlichen, aber gleichwohl nicht beliebig verfügbaren, nicht willkürlich instrumentalisierbaren Grundlage des zudem mehrfach rückgekoppelten Gesetzgebungsverfahrens. Rechtmäßigkeit der Rechtserzeugungsakte bezeichnet hier nämlich nicht einfach nur Systemkonformität im Sinne eines formalen Ableitungszusammenhanges, sondern bedeutet darüber hinaus den durch allgemeine Regeln inhaltlicher Art vermittelten Zusammenhang mit den nicht beliebig disponiblen konstitutionellen Grundlagen der Rechtsordnung[174].

In einer solchen Verfassungslehre wird dann auch die ideologische Formel von der verfassunggebenden Gewalt des Volkes im Hinblick auf die realen Vorgänge der Verfassunggebungen auflösbar und ihr sach-

---

[174] *Walter Burckhardt:* Die Organisation der Rechtsgemeinschaft, Basel 1927, S. 205 ff.; *Karl Schmidt:* Die Legitimität der Verfassung, Deutsche Rechts-Zeitschr. 1/2 (1946/47) S. 2 - 4 (2); *Karl Geiler:* Legalität und Legitimität, Die Gegenwart 2 (1947) S. 15 - 17 (16). Hierzu und zum folgenden vorzüglich *Peter Badura:* Verfassung und Verfassungsgesetz, Festschr. f. U. Scheuner, Berlin 1973, S. 19 - 39.

licher Gehalt in den Begründungszusammenhang der Rechtsordnung einzuarbeiten sein[175]. Der Grund dafür, daß der Gedanke einer von allen einzelnen Gesetzesvorschriften unterschiedenen Verfassung des Gemeinwesens diese Vermittlung leisten kann, liegt darin, daß die Idee des demokratischen Verfassungsstaates, welcher in untrennbarer Einheit eine Rechtsgemeinschaft herstellt und in ihr politische Herrschaft organisiert, die beiden verschiedenen Bezugspunkte verklammert, an denen sich Legitimitätstheorie und Rechtsgeltungslehre, die Theorien vom Rechtsgrund der Herrschaft und vom Herrschaftsgrund des Rechts[176], jeweils vornehmlich orientieren, nämlich die politische Macht einerseits und die rechtliche Ordnung andererseits. Gehen die Legitimitätstheorien, und zwar keineswegs nur die soziologischen, doch allemal vom Phänomen der Herrschaft, vom Faktum politischer Macht und der Erfahrung ihres Willens, vornehmlich ihrer derogativen Gewalt aus, während die Rechtsphilosophie als *Philosophie* der Rechtsgeltung zufolge ihrer durch die Frage nach der Gerechtigkeit bewirkten philosophischen Distanz zum *status quo* mit seinem geschichtlich-kontingenten Bestand an Vorschriften in einem sehr hohen Maße am Kodifikationsgedanken orientiert ist, der in die Vorstellung der *ethica practica universalis* eines autonomen Normenbereichs zurückverweist, demgegenüber der Staat nur als mehr oder weniger gute oder fehlsame Garantiemacht erscheint[177], die — wie in *Kants* Rechtsphilosophie — mit ihrem sog. öffentlichen Recht die natürlichen Vernunftgesetze der Freiheit[178] oder nach *Georg Jellineks* bekannter Formulierung das „*ethische Minimum*" sanktioniert[179]. Ein wenig ist von der Verschiedenheit dieser Bezugspunkte noch zu spüren, wenn wir auf der einen Seite von Staatsanwälten, auf der anderen von Rechtsanwälten sprechen, so, wie wenn nur individuelle Belange solche des Rechts wären.

Es sei in diesem Zusammenhang darauf hingewiesen, daß der die Tradition der großen Kodifikationen beherrschende Gedanke einer allgemeinen Formulierung der Grenzen individueller Freiheit in einem System der Individualrechtsbeziehungen auf dem Gedanken einer naturgesetzlichen Ordnung der gesellschaftlichen Verhältnisse basiert, die es im sog.

---

[175] Vgl. dazu den nächsten Abschnitt dieser Arbeit.
[176] Vgl. dazu *Norberto Bobbio:* Sur le principe de légitimité, in: L'idée de légitimité (N. 1), S. 47 - 60 (51 ff.).
[177] In der Anlage typisch *Adolf Trendelenburg:* Naturrecht auf dem Grunde der Ethik, Leipzig 1860, S. 21, 155 ff. Dazu *Antonia Ruth Weiss:* Adolf Trendelenburg und das Naturrecht im 19. Jahrhundert (Münchener Hist. Stud., Abt. n. Gesch., 3), Kallmünz 1960.
[178] *Kant,* Metaphysik der Sitten, I. Teil, §§ 8, 41, 44. Vgl. dazu und zum folg. *Conrad,* Rechtsstaatliche Bestrebungen im Absolutismus, S. 39 f.; *Martin Bullinger:* Öffentliches Recht und Privatrecht (res publica 17), Stuttgart/ Berlin/Köln/Mainz 1968, S. 37 f.
[179] *Georg Jellinek:* Die sozialethische Bedeutung von Recht, Unrecht und Strafe, 2. Aufl., Berlin 1908, S. 45. Dazu *Nef,* Recht und Moral, S. 57 ff.

1. Gesetz und Verfassung

status civilis zu sichern gilt, — wie das von *Pufendorf* über *Thomasius*, *Christian Wolff* und *Kant* bis *Zeiller*, dem geistigen Vater des Österreichischen Allgemeinen Bürgerlichen Gesetzbuches von 1811, nachzulesen ist[180]. Und daß die strafrechtlichen Überlegungen über die Grenzen des Erlaubten in unserer Rechtstradition normalerweise nicht primär von den Möglichkeiten und Bedürfnissen der Staatsgewalt, sondern von der Erfahrung präexistenter Werturteile und Schutzgüter ausgehen, bedarf weiter keines Beleges.

Nun ist es aber gerade der demokratische Verfassungsstaat, welcher die dualistische Vorstellung von der im Grunde autonomen bürgerlichen Gesellschaft einerseits und der (monarchischen) Staatsanstalt andererseits überwindet, indem er den Staat als politische Selbstorganisation der Gesellschaft im Sinne einer neuen *societas civilis* begreift[181]. Dieses Staatsverständnis zwingt andererseits freilich weder zur *Kelsen*schen Identifikation des Staates mit seiner Rechtsordnung[182], noch zur Preisgabe der notwendigen Unterscheidung staatlicher und nichtstaatlicher

---

[180] Statt aller die schematische Verkürzung bei *Franz Edler von Zeiller*: Das natürliche Privat-Recht, 2. Aufl., Wien 1808, S. 24 f.: „Noch wichtiger für die Eintheilung des Naturrechts ist der Unterschied, ob man die Menschen von einer öffentlichen Macht unabhängig oder abhängig betrachtet, und entweder einen Zustand voraussetzet, in welchem sie ihre Rechte nach eigener Einsicht durchzusetzen befugt sind, oder einen solchen, in welchem die Rechte von einer öffentlichen Macht bestimmt und geschützt werden. Aus diesem Gesichtspuncte zerfällt das natürliche Recht zu oberst in das Privat= und in das öffentliche Recht. Das Privat=Recht behandelt I.) die außergesellschaftlichen, und zwar a) die ursprünglichen (angebornen) Rechte, die schon durch unsere Natur vollständig begründet sind, (wie z. B. das Recht der Selbsterhaltung) b) die erwerblichen, die zugleich einen rechtlichen Act erfordern, (z. B. das Recht aus Verträgen;) II.) die gesellschaftlichen Privat=Rechte der Familienmitglieder. Das öffentliche Recht erwäget I.) das (gesellschaftliche) rechtliche Verhältniß der Mitglieder eines Staates, folglich a) zwischen dem Oberhaupte und den Unterthanen, b) zwischen den Privat=Bürgern: natürliches Staatsrecht; II.) das (außergesellschaftliche) Rechtsverhältniß der Staaten gegen einander: natürliches Staatsrecht. Demnach begreift die Rechtslehre vier, oder, weil man die außergesellschaftlichen und gesellschaftlichen Privat=Rechte in einen Zweig zusammen faßt, drey Haupttheile: Das natürliche Privat=Recht, das Staatsrecht, und das Staatenrecht."
Über den Zusammenhang der (späten) Naturrechtslehre mit dem Kodifikationsgedanken *Scheuner*, Gesetzgebung und Politik, a.a.O. (Nr. 58) S. 896 f., 899; vorzüglich auch *Bullinger*, Öffentliches Recht und Privatrecht, S. 37 ff. Vgl. jetzt ferner *Rosenbaum*, Naturrecht und positives Recht, S. 50, 53, 270 ff.

[181] *Konrad Hesse*: Grundzüge des Verfassungsrechts der Bundesrepublik Deutschland, 8. Aufl., Karlsruhe 1975, S. 5 ff.; *Badura*, Verfassung und Verfassungsgesetz, a.a.O. (N. 174) S. 20. Auch die Repräsentationslehre von *Herbert Krüger* (Allgemeine Staatslehre, 2. Aufl., Stuttgart 1966, passim) gehört in diesen Zusammenhang.

[182] Vgl. *Hans Kelsen*: Hauptprobleme der Staatsrechtslehre entwickelt aus der Lehre vom Rechtssatze, 2. Aufl., Tübingen 1923 (Nachdr. Aalen 1960), S. XVI; *ders.*: Der soziologische und juristische Staatsbegriff — Kritische Untersuchung des Verhältnisses von Staat und Recht, 2. Aufl., Tübingen 1928 (Nachdr. Aalen 1962), passim; *ders.*: Allgemeine Staatslehre, Berlin/Heidelberg/New York 1925 (Nachdr. Bad Homburg v. d. Höhe/Berlin/Zürich 1966), S. 47 ff.

III. Rechtsgeltung im demokratischen Verfassungsstaat

Funktionsbereiche und Institutionen[183], wohl aber macht es diese Einsicht zum einen unmöglich, einen *Staat an sich* gegen sein soziales Substrat zu isolieren sowie unabhängig von den rechtlichen Grundlagen seiner Ordnung zu definieren[184], und verbietet es zum anderen, die Gesellschaft den normativen Rückwirkungen der von ihr vorstrukturierten Verfassung gänzlich zu entziehen[185].

---

[183] Zur Entwicklung dieses nicht selten im Sinne gegensätzlicher Substanzen hypostasierten und heute gerne systemtheoretisch interpretierten dichotomischen Deutungsschemas — mit Nachw. — *Hofmann*, Repräsentation, S. 422 ff. — In der gegenwärtigen Situation ist das Pathos bemerkenswert, mit dem die Unterscheidung von Staat und Gesellschaft von bestimmter Seite in der Nachfolge *Carl Schmitts* (Verfassungslehre, München u. Leipzig 1928 [4. Nachdr. 1965] S. 126 ff.) als *die* Garantie gegen rücksichtslose Durchsetzung partikulärer Interessen und für Objektivität, als „fundamentale(s) Strukturelement der Staatlichkeit" (*Ernst Forsthoff*: Der Staat der Industriegesellschaft, München 1971, S. 21), als Grundbedingung individueller Freiheit gegen neue totalitäre Bedrohung, speziell gegen einen „Verfassungstotalitarismus" der Vorabfestlegung aller Entwicklungen (*Ernst-Wolfgang Böckenförde*, Rez. a.a.O. [N. 168] S. 535; *ders.:* Die Bedeutung der Unterscheidung von Staat und Gesellschaft im demokratischen Sozialstaat der Gegenwart, Festg. f. Wolfgang Hefermehl, Stuttgart/Berlin/Köln/Mainz 1972, S. 11 - 36; *ders.:* Die verfassungstheoretische Unterscheidung von Staat und Gesellschaft als Bedingung der individuellen Freiheit (Rheinisch-Westfälische Akademie der Wissenschaften, Abt. Geisteswissenschaften, Vorträge. G 183), Opladen 1973; *Hans H. Klein:* Die Grundrechte im demokratischen Staat — Kritische Bemerkungen zur Auslegung der Grundrechte in der deutschen Staatsrechtslehre der Gegenwart [res publica 26], Stuttgart/Berlin/Köln/Mainz 1972, S. 34 f.) beschworen wird. Demgegenüber hat *Konrad Hesse* (Bemerkungen zur heutigen Problematik und Tragweite der Unterscheidung von Staat und Gesellschaft, DÖV 28 [1975] S. 437 - 443) einerseits klargemacht, daß jene Unterscheidung für sich allein zur Lösung der konkreten Freiheitsprobleme dieser verfassungsstaatlichen Ordnung (vgl. dazu auch *Alexander Hollerbach*: Aspekte der Freiheitsproblematik im Recht, Philosophische Perspektiven 5 [1973] S. 29 - 41 [35 ff.], und jetzt die eindringliche Studie von *Walter Schmidt:* Die Entscheidungsfreiheit des einzelnen zwischen staatlicher Herrschaft und gesellschaftlicher Macht, AöR 101 [1976] S. 24 - 45) herzlich wenig beiträgt, und andererseits sehr mit Recht darauf hingewiesen, daß jener überflüssige Rückgriff auf eine hoffnungslos diskreditierte Staatslehre die Diskussion ganz unnötig belastet.

[184] Dazu *Hermann Hellers* Staatslehre (S. 228 ff.) und jetzt die Staatsphilosophie *Ryffels*.

[185] Dies gegen *Böckenfördes* beiläufigen Versuch (a.a.O. — N. 168 — S. 535), gegen Verfassungspostulate die Autonomie der „Wert- und Lebensordnung des Gemeinwesens" auszuspielen. Darüber daß die Verfassungsordnung die Sozialstrukturen ausprägt und (schon, aber nicht allein dadurch) normativ auf sie zurückwirkt *Friedrich Müller:* Normstruktur und Normativität — Zum Verhältnis von Recht und Wirklichkeit in der juristischen Hermeneutik, entwickelt an Fragen der Verfassungsinterpretation (Schriften zur Rechtstheorie 8), Berlin 1966; *ders.:* Thesen zur Struktur von Rechtsnormen, ARSP LVI (1970) S. 493 - 509; *Schmidt-Aßmann*, Der Verfassungsbegriff in der deutschen Staatslehre, S. 17 ff.; *Felix Ermacora*: Allgemeine Staatslehre, Bd. 1, Berlin 1970, S. 337 ff.; *ders.:* Österreichische Verfassungslehre, Wien—Stuttgart 1970, S. 13: „Die Verfassung transformiert gesellschaftliche Verhältnisse in ein normatives Gefüge und verändert hierdurch solche Verhältnisse dialektisch." Ganz ähnlich beschreibt *Dieter Suhr* (Bewußtseins-

1. Gesetz und Verfassung

Voraussetzung all dessen aber ist, wie gesagt, die Unterscheidung von Verfassung und Gesetz, genauer noch, da ja auch die Verfassung dem Vorgang der Positivierung unterliegt und danach primär als Verfassungs*gesetz* erscheint, die Unterscheidung zwischen Verfassung und Verfassungsgesetz[186]. Diese Unterscheidung gegen den staatsrechtlichen Positivismus *Gerber-Laband*scher Prägung[187] durchgeführt zu haben, ist die bleibende Leistung der Verfassungslehre der Weimarer Zeit, ist namentlich das Verdienst von *Carl Schmitt*[188] und *Rudolf Smend*[189]. Dies muß man trotz der notwendigen Kritik am Dezisionismus des „positiven Verfassungsbegriffs" *Schmitts*[190] und bei allen Einwendungen

---

verfassung und Gesellschaftsverfassung — Über Hegel und Marx zu einer dialektischen Verfassungstheorie [Schriften z. Rechtstheorie 41], Berlin 1975, S. 277) die Verfassunggebung als eine Art gestaltenden Erkennens.

[186] Hierüber v. a. *Badura*, Verfassung und Verfassungsgesetz, a.a.O. (N. 174), und *Hesse*, Grundzüge des Verfassungsrechts, S. 11 ff. Unergiebig, weil auf die formalistische Unterscheidung von Verfassung im formellen und im materiellen Sinn fixiert, *Herbert Schambeck*: Der Verfassungsbegriff und seine Entwicklung, Festschr. f. Hans Kelsen, Wien 1971, S. 211 - 241.

[187] *Paul Laband:* Das Staatsrecht des Deutschen Reiches, 4. Aufl., 2. Bd., Tübingen u. Leipzig 1901, S. 34 f.: „Die in der Verfassung enthaltenen Rechtssätze können zwar nur unter erschwerten Bedingungen abgeändert werden, aber eine *höhere Autorität* als anderen Gesetzen kommt ihnen nicht zu. Denn es giebt keinen höheren Willen im Staate als den des Souveräns, und in diesem Willen wurzelt gleichmäßig die verbindliche Kraft der Verfassung wie die der Gesetze. Die Verfassung ist keine mystische Gewalt, welche *über* dem Staat schwebt, sondern gleich jedem anderen Gesetz ein Willensakt *des* Staates und mithin nach dem Willen des Staates veränderlich." Und jene „gesteigerte formelle Gesetzeskraft", meint *Laband* (AöR 9 [1894] S. 274), sei weniger „ein Bollwerk gegen die Reaction" denn „eine Erschwerung zeitgemässer Reformen". „Dass aber", heißt es in Labands Besprechung des Buches „Établissement et Revision des Constitutions en Amérique et en Europe" von *Charles Borgeaud* weiter (ebd. S. 274 f.), „die, ehemals auch in der deutschen staatsrechtlichen und politischen Literatur herrschend gewesene Ansicht von dem spezifischen Unterschied von Verfassungsgesetzen und anderen Gesetzen gegenwärtig nur noch wenige doctrinäre Anhänger hat und praktisch vollständig überwunden ist, wofern sie jemals praktische Bedeutung gehabt hat, ist nicht eine Nachwirkung der preussischen Waffenerfolge und der Ausdruck einer freiheitsfeindlichen Tendenz, sondern ein Fortschritt der wissenschaftlichen Erkenntniss und eine Frucht tieferer Erforschung des wahren Wesens der Gesetzgebung." — *Jellinek*, Allgemeine Staatslehre, S. 534: „Das wesentliche rechtliche Merkmal von Verfassungsgesetzen liegt ausschließlich in ihrer erhöhten formellen Gesetzeskraft." Ebenso *ders.*: Gesetz und Verordnung, Freiburg i. Br. 1887, S. 262. — Zum staatsrechtlichen Positivismus im allgemeinen *Peter v. Oertzen:* Die soziale Funktion des staatsrechtlichen Positivismus — Eine wissenssoziologische Studie über die Entstehung des formalistischen Positivismus in der deutschen Staatsrechtswissenschaft, Frankfurt a. M. 1974.

[188] Verfassungslehre, München und Leipzig 1928 (5. Nachdr. Berlin 1970).

[189] Verfassung und Verfassungsrecht, München und Leipzig 1928, jetzt in *ders.*: Staatsrechtliche Abhandlungen, 2. Aufl., Berlin 1968, S. 119 - 276.

[190] Vgl. dazu vom *Verf.*: Legitimität gegen Legalität — Der Weg der politischen Philosophie Carl Schmitts (POLITICA 19), Neuwied u. Berlin 1964, S. 124 ff.

III. Rechtsgeltung im demokratischen Verfassungsstaat

gegen die Vernachlässigung normativer Momente, gegen die daher rührende allzu große Offenheit und die Vernachlässigung der sozialen und wirtschaftlichen Strukturen wie gegen die Geringschätzung aller Statik[191] in der Integrationslehre *Smends* festhalten. Worum es geht, das ist die Erkenntnis, daß die Verfassung eines Gemeinwesens in ihrer vierfachen Funktion[192] als rechtliche Grundordnung des politischen Prozesses und damit zugleich als politisches Integrationsschema der Gesellschaft, als Entwurf einer staatlichen Form, als Stiftung einer Rechtsgemeinschaft und als legitimierender Grund der gesetzesstaatlichen Legalität nicht in der Positivität des Verfassungsgesetzes aufgeht. Denn diese eben genannten Aufgaben, welche dem Verfassungsrecht der konstitutionellen Demokratie (in einer freilich stets gefährdeten Weise) zukommen, überschreiten die Eigenschaften und Wirkungen der von der etablierten Staatsmacht gewährleisteten Rechtssätze des einfachen Gesetzesrechts[193]. Das Problem der Ver-

---

[191] Vgl. *Hans Kelsen:* Der Staat als Integration, Wien 1930; *Walter Henrich:* Die Verfassung als Rechtsinhaltsbegriff, in: Gesellschaft, Staat und Recht — Untersuchungen zur Reinen Rechtslehre, hrsgg. v. *Alfred Verdross* = Festschr. f. Hans Kelsen, Wien 1931, S. 174 - 216 (189 ff.); *Hanns Mayer:* Die Krisis der deutschen Staatslehre und die Staatsauffassung Rudolf Smends, Diss. Köln 1931; *Werner Kägi:* Die Verfassung als rechtliche Grundordnung des Staates, Zürich 1945 (Nachdr. Darmstadt 1971), S. 142 ff.; *Horst Ehmke:* Grenzen der Verfassungsänderung, Berlin 1953, S. 58 ff. Im Gegensatz zu den Kampfschriften der späten Weimarer Zeit und zu Kägis unter dem Eindruck der Folgen rechtlicher Entfesselung der Staatsmacht formuliertem Urteil sind die neueren Monographien über *Smend (Richard Bartlsperger:* Die Integrationslehre Rudolf Smends als Grundlegung einer Staats- und Rechtstheorie, Diss. Erlangen 1964; *Manfred Heinrich Mols:* Allgemeine Staatslehre oder politische Theorie? Interpretationen zu ihrem Verhältnis am Beispiel der Integrationslehre Rudolf Smends [Ordo Politicus 10], Berlin 1969) nun bemerkenswert unkritisch. Anders wieder *Wolfgang Schluchter:* Entscheidung für den sozialen Rechtsstaat — Hermann Heller und die staatstheoretische Diskussion in der Weimarer Republik, Köln/Berlin 1968, S. 53 ff. Bis zur Unkenntlichkeit des Gegenstandes polemisch überzogen *Werner Hill:* Gleichheit und Artgleichheit, Berlin 1966, S. 166 ff.; teilweise auch *Wolfram Bauer:* Wertrelativismus und Wertbestimmtheit im Kampf um die Weimarer Demokratie — Zur Politologie des Methodenstreits der Staatsrechtslehrer (Beitr. z. Polit. Wiss. 3), Berlin 1968, S. 285 ff., 321 ff.

[192] Zum folgenden *Scheuner,* Art. Verfassung, a.a.O. (N. 154) Sp. 118 f.; *Herbert Krüger:* Verfassungswandlung und Verfassungsgerichtsbarkeit, Festschr. f. Smend, Tübingen 1962, S. 151 - 170 (158 f.); *ders.:* Allgemeine Staatslehre, Stuttgart 1964 (2. Aufl. 1966), S. 697 ff.; *Badura,* Art. Verfassung, a.a.O. (N. 160); *ders.:* Verfassung und Verfassungsgesetz, a.a.O. (N. 174) S. 32 ff.; *Alexander Hollerbach:* Ideologie und Verfassung, in: Ideologie und Recht, hrsgg. v. *Werner Maihofer,* Frankfurt a. M. 1969, S. 37 - 61 (32 ff., 46): „der grundlegende, auf bestimmte Sinnprinzipien ausgerichtete Strukturplan für die Rechtsgestalt eines Gemeinwesens".

[193] *Scheuner,* Art. Verfassung, a.a.O. (N. 154) Sp. 118: „Was das Verfassungsrecht von anderen Rechtsgebieten unterscheidet, sind der Lebensbereich, den es gestaltet, und der Umstand, daß das Verfassungsrecht seine Geltung nicht wie alles andere staatliche Recht auf die Gewährleistung der übergeordneten Staatsmacht stützen kann, sondern diese Macht selbst und seinen Bestand in sich herstellen und sichern muß. Eine Verfassung muß

1. Gesetz und Verfassung

fassungslehre besteht sonach darin, daß einerseits der Verbindlichkeitsanspruch der Verfassung, wie sie im positiven Verfassungsgesetz in die Erscheinung tritt, nicht einfach auf dessen Positivität gestützt werden kann, daß aber andererseits der Rückgang hinter die Positivität des Verfassungsgesetzes nicht zur Preisgabe des *Rechtscharakters* der Verfassung führen darf, wie das etwa, mit der Folge der Zerstörung der Einheit der Konstitution, in *Carl Schmitts* Dezisionismus geschehen ist, der am Ende den wirklichen oder vermeintlichen politischen Gehalt gegen die rechtliche Form ausspielte[194]. Positiven Ausdruck hat die fragliche Unterscheidung zwischen Verfassung und Verfassungsgesetz in unserem Grundgesetz bekanntlich darin gefunden, daß es — für bloße Legalitätslogik unbegreiflich — bestimmte Prinzipien in Art. 79 Abs. 3 für unabänderlich erklärt. Im Lichte seiner besonderen konstitutionellen, seiner prozeduralen Funktion[195] verändert sich dann — durchaus im Einklang freilich mit der allgemeinen Tendenz heutiger Hermeneutik[196] und in einer das Verfassungsproblem des Richterrechts[197] nur zuspitzenden Weise — die rechtspraktische Behandlung des

in ihrer Struktur selbst die Voraussetzung für ihre Durchsetzung und ihre Dauer erbringen, sofern sie nicht ausnahmsweise — wie eine garantierte Verfassung oder die Verfassung eines Gliedstaates im Bund ... — von einer übergeordneten Macht von außen her gestützt und erhalten wird. Die Verfassung regelt die Formung und Ausübung der politischen Macht. Sie hat es daher mit starken sozialen Kräften zu tun, deren Entstehung und Wirken sie tatsächlich nicht voll regulieren und bestimmen kann (Parteien, Verbände, bürokratische und militärische Institutionen). Ihre Ordnung reicht daher viel stärker ins Ungewisse der Zukunft als die anderer Rechtsnormen. Jede Verfassung ist im Grunde nur ein Entwurf der politischen Form, mit der die Gegenwart künftige Zeiten zu binden sucht ..." — Ähnlich *Adolf Arndt:* Das nicht erfüllte Grundgesetz (Recht und Staat 224), Tübingen 1960, S. 8: „Kein Gesetz ist ... so wenig selbsttätig wirksam, zunächst so wirklichkeitsfern und bedarf in solchem Ausmaß der Erfüllung durch jedermann, weil es alle angeht, wie ein demokratisches Verfassungsgesetz." Vgl. noch ebd. S. 18, wo von der Verfassung gesagt wird, sie sei „evokativ", nicht „imperativ". *Suhr* nennt die Verfassunggebung daher „wahr-Sagung" und „eine besondere Art von Geschichtsschreibung des Zukünftigen" (Bewußtseinsverfassung und Gesellschaftsverfassung, S. 274 f.).

[194] Dazu vom *Verf.,* Legitimität gegen Legalität, S. 124 ff.
[195] Vgl. auch *G. Brunner,* Kontrolle in Deutschland, S. 23.
[196] Vgl. *Hans-Georg Gadamer:* Wahrheit und Methode, 2. Aufl., Tübingen 1965; *Josef Esser:* Grundsatz und Norm in der richterlichen Fortbildung des Privatrechts, 2. Aufl., Tübingen 1964; *ders.:* Vorverständnis und Methodenwahl in der Rechtsfindung (N. 49); *Franz Wieacker:* Gesetz und Richterkunst, Karlsruhe 1958, S. 7; *Friedrich Müller,* Normstruktur und Normativität, 1966; *ders.:* Juristische Methodik, Berlin 1971; *Ryffel,* Rechts- und Staatsphilosophie, S. 379 ff.
[197] Zu diesem Problem, das mit der Verwerfung des Dogmas von der Lückenlosigkeit der Rechtsordnung bewußt und seit *Oskar Bülows* Rede über Gesetz und Richteramt von 1885 diskutiert wird, aus der neueren Literatur *Hans Peter Schneider:* Richterrecht, Gesetzesrecht und Verfassungsrecht (Wissenschaft u. Gegenwart 40/41), Frankfurt a. M. 1969; *ders.:* Die Gesetzmäßigkeit der Rechtsprechung, DÖV 28 (1975) S. 443 - 452. *Heinrich Wilhelm Kruse:* Das Richterrecht als Rechtsquelle des innerstaatlichen Rechts (Recht u. Staat 396), Tübingen 1971; *Karl Larenz:* Die Bindung des Richters

Verfassungsgesetzes: an die Stelle bloßer Auslegung eines vermeintlich objektiv bestimmt vorgegebenen Textes tritt unabweisbar der Prozeß der Konkretisierung des Verfassungsrechts aus dem Grundbestand seiner Sinnprinzipien[198].

2. Die Legitimität der demokratischen Verfassung und die Rechtsgeltungslehren

Was nun insbesondere die Legitimation des Systems staatlicher Legalität durch die Verfassung betrifft, so bedarf, wie gesagt, vor allem die Doktrin von der verfassunggebenden Gewalt des Volkes kritischer Prüfung. Entgegen der sprachlichen Parallelisierung mit der gesetzgebenden Gewalt und trotz der Rückwirkung konstitutionellen Denkens auf die Vorstellung der Verfassunggebung im Sinne der Verrechtlichung, rechtlicher Einbindung der „Omnipotenz" des *pouvoir constituant,* ja der Verdrängung der Annahme einer extrakonstitutionellen verfassunggebendenden Gewalt[199] ist diese sog. verfassunggebende

---

an das Gesetz als hermeneutisches Problem, Festschr. f. Ernst Rudolf Huber, Göttingen 1973, S. 291 - 309; *Peter Badura:* Grenzen und Möglichkeiten des Richterrechts — Verfassungsrechtliche Überlegungen, in: Rechtsfortbildung durch die sozialgerichtliche Rechtsprechung — Verhandlungen des Deutschen Sozialgerichtsverbandes — 1. Deutscher Sozialgerichtstag Kassel 1972 (Schriftenreihe des Deutschen Sozialgerichtsverbandes X), Bonn-Bad Godesberg 1973, S. 40 - 57; *Hans-Martin Pawlowski:* Ein neues Verfahren richterlicher Rechtsfortbildung? ZfA 1974, S. 405 - 440 (421 ff.); *Jörn Ipsen:* Richterrecht und Verfassung (Schriften z. Rechtstheorie 40), Berlin 1975. — Auf dieses Problem wird unter IV 1 noch einmal zurüzukommen sein.

[198] Vgl. *Horst Ehmke:* Prinzipien der Verfassungsinterpretation, VVDStRL 20 (1963) S. 53 - 102; *Martin Kriele:* Theorie der Rechtsgewinnung, entwickelt am Problem der Verfassungsinterpretation (Schriften zum Öffentlichen Recht 41), Berlin 1967 (2. Aufl. 1976); *Fritz Ossenbühl:* Verwaltungsvorschriften und Grundgesetz, Bad Homburg v. d. H./Berlin/Zürich 1968, S. 190 ff.; *Norbert Wimmer:* Materiales Verfassungsverständnis — Ein Beitrag zur Theorie der Verfassungsinterpretation (Forsch. aus Staat und Recht 15), Wien/New York 1971; *Peter Häberle:* Zeit und Verfassung — Prolegomena zu einem „zeit-gerechten" Verfassungsverständnis, Zeitschr. f. Politik NF 21 (1974) S. 111 - 137; *Hesse,* Grundzüge des Verfassungsrechts, S. 20 ff.; *Hans-Peter Schneider:* Die parlamentarische Opposition im Verfassungsrecht der Bundesrepublik Deutschland, Bd. I: Grundlagen, Frankfurt a. M. 1974, S. 21 ff.

Die hiergegen gerichtete Kritik *Ernst Forsthoffs* (Die Umbildung des Verfassungsgesetzes, Festschrift f. C. Schmitt, Berlin 1959, S. 35 - 62; Zur Problematik der Verfassungsauslegung, Stuttgart 1961; Bespr. von *Krieles* Buch in: Der Staat 8 [1969] S. 523 ff.) ist — soweit sie diese Hermeneutik mit naivem werthierarchischen Denken ineinssetzt und als „geisteswissenschaftliche" Verunsicherung der Verfassung versteht sowie demgegenüber die klassischen Interpretationsregeln *Savignys* beschwört — mit der Metakritik *Alexander Hollerbachs* (Auflösung der rechtsstaatlichen Verfassung? AöR 85 [1960] S. 241 ff.) erledigt. Aus der Reihe der Hollerbach folgenden Stellungnahmen vgl. jetzt etwa noch *F. Müller,* Juristische Methodik, S. 54 ff., mit weiteren Nachweisen.

[199] Einen Überblick über Versuche rechtlicher Begrenzung des *pouvoir constituant* gibt *Herbert Sauerwein:* Die „Omnipotenz" des pouvoir con-

2. Die Legitimität der demokratischen Verfassung

Gewalt keine rechtlich organisierte Form der Rechtsetzung und kann es nicht sein[200]. Auch täuscht die Bezeichnung insofern, als sie einen einheitlichen Willen der Kollektivperson „Volk" als plötzlich und willkürlich aufspringende „Quelle" des Verfassungsrechts suggeriert. Die den politischen Vorgang und seine Bedeutung verschleiernden Vorstellungen vom „Willen des Gesetzgebers" und von der „Rechtsquelle" sind in bezug auf das Verfassungsrecht natürlich nicht weniger fragwürdig als im Hinblick auf das einfache Gesetz. In Wahrheit — und niemand anders als der große Verfassungskonstrukteur *Sieyès* selber hat davor gewarnt, die Volkssouveränität nach dem falschen Vorbild willkürlicher Fürstensouveränität zu denken[201] — in Wahrheit also handelt es sich bei der Verfassunggebung normalerweise doch darum, die verschiedenen und oft gegenläufigen Interessen, Überzeugungen, Ziele und Erwartungen der diversen Gruppen, Schichten und Haltungen der politischen Gesellschaft unter je ganz besonderen historischen Bedingungen durch mancherlei Vermittlungen und Vermittlungstechniken auf bestimmte Ordnungsprinzipien festzulegen. Das lehrt jede Geschichte der Verfassungen des rigiden Typs[202]. Dementsprechend bedeutet „Wille des Volkes" im demokratischen Verfassungsstaat dann nicht mehr als den offenen demokratischen Prozeß der Auseinandersetzung und des Ausgleichs[203]. Und nur bei jener grundlegenden Einigung, diesem neuerdings so oft beschworenen *Grundkonsens* — dessen Vorstellung die Funktion des aufklärerischen Sozialvertragsgedankens übernommen hat[204] — und nicht bei einem imaginären Willen des als

---

stituant — Ein Beitrag zur Staats- und Verfassungstheorie, Diss. Frankfurt a. M. 1960. Eindringlich zu diesem Prozeß der Verrechtlichung der Verfassunggebung *Udo Steiner*: Verfassunggebung und verfassunggebende Gewalt des Volkes (Schriften z. Öffentl. Recht 34), Berlin 1966.

[200] Daß das Entscheidungsverfahren über den „Basiskonsens" im Gegensatz zu dem über „Einzelkonsens" nicht formalisierbar ist, betont mit Recht *Adalbert Podlech*: Wertentscheidung und Konsens, in: Rechtsgeltung und Konsens (N. 45), S. 9 - 28 (25).

[201] Vgl. *Emmanuel Sieyès*: Meinung über die Grundverfassung etc., in ders.: Politische Schriften, 2. Bd., o. O. 1796, S. 363 - 400 (375).

[202] Über die „Realität der Konstituierungsvorgänge" *Klaus von Beyme*: Die verfassunggebende Gewalt des Volkes — Demokratische Doktrin und politische Wirklichkeit (Recht und Staat 367/8), Tübingen 1968, S. 7 - 24. Zur Entstehung des Grundgesetzes etwa *Peter H. Merkl*: Die Entstehung der Bundesrepublik Deutschland, Stuttgart 1969; *Werner Sörgel*: Konsensus und Interessen — Eine Studie zur Entstehung des Grundgesetzes für die Bundesrepublik Deutschland (Frankfurter Studien zur Wiss. v. d. Politik 5), Stuttgart 1969; *Hans-Hermann Hartwich*: Sozialstaatspostulat und gesellschaftlicher status quo, Köln u. Opladen 1970.

[203] Dazu *Scheuner*, Gesetzgebung und Politik, a.a.O. (N. 58) S. 898 f.; *Hesse*, Grundzüge des Verfassungsrechts, S. 55 ff.; *Denninger*, Staatsrecht 1, S. 55 ff.

[204] Das zeigt besonders deutlich *Sternberger*, indem er (Herrschaft und Vereinbarung, a.a.O. [N. 49]) die „bürgerliche Legitimität" der Vereinbarung allen numinos begründeten Herrschaftsansprüchen gegenüberstellt. Einen

Kollektivperson gedachten Volkes oder sonstwo kann eine Theorie der Legitimität des demokratischen Verfassungsstaates ansetzen. Nun ist Konsens, ist Paktieren zweifellos eine Urform der Rechtsbegründung[205]. Gleichwohl bleibt die Frage, was den faktischen Vorgang der Einigung ins Recht setzt, welches Prinzip seine normative Allgemeinverbindlichkeit begründet. Denn „Vereinbarung oder Zustimmung kann zur Bedingung der Möglichkeit legitimer Herrschaftsausübung erklärt werden; aber daß sie dies ist, läßt sich letztlich nie aus Vereinbarungen herleiten"[206]. Unter dem bloßen Aspekt des tatsächlichen Zustandekommens muß eine solche grundlegende Vereinbarung gar als zufällig, als geschichtlich-irrational erscheinen[207]. Die damit aufgeworfene Frage übergehen, hieße, beim Verfassungskonsens als einem wirklichen oder vermeintlichen Faktum stehen- und damit in der alten, schon von *Hegel*[208] aufgewiesenen Sackgasse eines kausalgenetischen Rechtfertigunsversuchs steckenbleiben[209].

Ich glaube nun nicht, daß dieses Problem auf dem Boden einer der objektiven Rechtsgeltungslehren zu lösen ist, von denen wir gesprochen haben. Zwar sind alle diese Theorien insofern im Recht, als auch die Verfassunggebung keine Schöpfung aus dem normativen Nichts ist. Indessen macht es verfassungsgeschichtliches Bewußtsein vom Kompromißcharakter auch und gerade einer Verfassung der Freiheit unmöglich, sie selbst nur in ihrem Grundrechtsteil als ein axiologisch abgesichertes, in sich geschlossenes und widerspruchsfreies System von Werten zu begreifen[210]. Wenn in der höchstrichterlichen Rechtsprechung so oft vom Wertsystem des Grundgesetzes die Rede ist, dann sind das keine verfassungstheoretisch haltbaren Aussagen, sondern — insofern mit dem Begriff des Wertsystems der Gedanke lückenloser Grundrechts-

---

traditionsreichen korporationsrechtlichen Begriff nimmt *Badura* auf (Art. Verfassung, Ev. Staatslexikon, 2. Aufl., Sp. 2713 f.), wenn er die Verfassunggebung einen Vorgang „der frieden- und ordnungsstiftenden Einung" nennt.

[205] G. *Küchenhoff*, Rechtsbesinnung, S. 232. Vgl. dazu *Axel Hägerström*: Recht, Pflicht und bindende Kraft des Vertrages nach römischer und naturrechtlicher Anschauung, hrsgg. v. *Karl Olivecrona* (Acta Societatis Litterarum Humaniorum Regiae Upsaliensis 44:3), Stockholm/Wiesbaden 1965; ferner *Theo Mayer-Maly*: Die Bedeutung des Konsenses in privatrechtsgeschichtlicher Sicht, in: Rechtsgeltung und Konsens (N. 45), S. 91 - 104.

[206] *Graf Kielmansegg*, Legitimität als analytische Kategorie, a.a.O. (N. 28) S. 381.

[207] So hat *W. Burckhardt* (Die Organisation der Rechtsgemeinschaft, S. 191) gerade „das Zufällige, Willkürliche, Irrationale seines Zustandekommens" als das Richtige an der Lehre vom Gesellschaftsvertrag bezeichnet und die Entstehung einer Verfassung angesichts der Unvollkommenheit der Menschen sub specie rationis einen Zufall genannt.

[208] Rechtsphilosophie, Einleitung, § 3 Zusatz.

[209] Zur Unumgänglichkeit der Legitimationsfrage auch *Passerin d'Entrèves*, The Notion of the State, S. 148 f.

[210] *Hollerbach*, Aspekte der Freiheitsproblematik, a.a.O. (N. 183) S. 35.

2. Die Legitimität der demokratischen Verfassung

schutzes sowie die schlichte Wahrheit einer auch objektiven Bedeutung aller Grundrechte überschritten wird — nicht ungefährliche interpretatorische Inkantationen[211]. Überhaupt treten Verfassungen ja niemals einfach als Realisationen theoretischer Vernunft in die Erscheinung — noch nicht einmal von den klassischen Verfassungsdokumenten der Französischen Revolution könnte man das sagen. Darf die kodifikatorische Leistung einer Verfassunggebung eben „nicht so verstanden werden, wie wenn die verfassunggebende Körperschaft nur kraft voraussetzungsloser Rationalität ihrer Mitglieder die Rekonstruktion des Gemeinwesens durch individualisierbare verstandesmäßige Anstrengung und Einsicht hervordenken würde"[212]. Die Frage kann also von vornherein nur die sein, ob das Verfassungsgesetz gewissen objektiven Grundsätzen eines naturrechtlichen Minimums genügt, wobei dann freilich schnell klar wird, daß jede Verfassung westlicher Rechtskultur allemal mehr als ein solches abstraktes Minimum garantiert, sofern sie den traditionellen Standard hält, der sich in der Geschichte des Verfassungsstaates herausgebildet hat. Gewiß würde jede radikale Absage an diese Geschichte — wie sie der Faschismus praktiziert und worin *Nolte* dessen Wesen gesehen hat[213] — einer Verfassung wegen ihrer Unmenschlichkeit die Legalität nehmen, weil die Geschichte seiner um das Rechte bemühten und Rechtlichkeit übenden Gesellschaft zur Komplettierung der nicht tierhaft festgelegten Natur des Menschen gehört[214]. Da der Mensch nun aber immer zwischen dem Erbe der Vergangenheit und den offenen Möglichkeiten seiner Zukunft steht, bleibt

---

[211] Vgl. dazu *Helmut Goerlich:* Wertordnung und Grundgesetz — Kritik einer Argumentationsfigur des Bundesverfassungsgerichts (Studien u. Materialien zur Verfassungsgerichtsbarkeit 1), Baden-Baden 1973; jetzt auch *Helmut Wilke:* Stand und Kritik der neueren Grundrechtstheorie — Schritte zu einer normativen Systemtheorie (Schriften z. Öffentl. Recht 265), Berlin—München 1975, S. 24 - 110. Darüber, daß das Postulat einer umfassenden und widerspruchsfreien Wertskala schon für die Entscheidungen eines einzelnen, erst recht aber für soziale Systeme unerfüllbar ist *Niklas Luhmann:* Zweckbegriff und Systemrationalität, Tübingen 1968, S. 156 ff.

[212] *Badura,* Art. Verfassung, Ev. Staatslexikon, 2. Aufl., Sp. 2713 f.

[213] *Ernst Nolte:* Der Faschismus in seiner Epoche, 2. Aufl., München 1965.

[214] „Der Mensch ist immer auch auf seine Geschichte und sogar auch auf seine Zukunft verwiesen, um zu wissen, wer er sei." *Karl Rahner:* Würde und Freiheit des Menschen, in ders.: Schriften zur Theologie, Bd. II, 3. Aufl., Einsiedeln/Zürich/Köln 1958, S. 247 - 277 (249). Und weil das nicht nur für den einzelnen als solchen gilt, ist die geschichtliche Staatlichkeit des Menschen „ein Aspekt seiner Menschlichkeit" (*Kuhn,* Der Staat, S. 72), ist Verfassunggebung ein Stück menschlicher Natur (*Suhr,* Bewußtseinsverfassung und Gesellschaftsverfassung, S. 284). Die schlichte Lebensnotwendigkeit einer Rechtsordnung für die Gesellschaft der nicht instinktsicheren Menschen betont *Jørgensen,* Recht und Gesellschaft, S. 10 u. 69. Hierzu und zum folgenden auch *Richard Bäumlin:* Staat, Recht und Geschichte, Zürich 1961, S. 24 f.

allemal die Notwendigkeit der Entscheidung[215] und mit ihr das Bedürfnis nach Rechtfertigung dessen, was da — nie frei von Widersprüchlichkeiten — herauskommt, als Frage der praktischen Vernunft[216].

Damit sind wir zurückverwiesen auf die subjektiven Rechtsgeltungslehren aus der kritischen Tradition des methodischen Individualismus, welche auf den Willen des einzelnen als den einzig möglichen Grund aller inneren Verpflichtung abhebt und den Vorgang kollektiver Einigung von daher in eine „bloße Idee der Vernunft"[217] transformiert. Um den Einwendungen zu entgehen, denen wir diesen Ansatz auf der Ebene des transzendentalen Idealismus *Kants* ausgesetzt sahen, hat man versucht, vom *empirischen* Einzelwillen auszugehen, der nach der größtmöglichen Freiheit von fremder Bevormundung strebt, um von hier aus eine Rechtsordnung von notwendig möglicher Geltung zu konstruieren, d. h. eine Rechtsordnung, die jedermann muß anerkennen können, wenn er um jener größtmöglichen Freiheit von fremder Bevormundung willen überhaupt bereit ist, eine Rechtsordnung zu akzeptieren[218]. Indessen ist auch hier die Frage, ob diese Voraussetzung eines

---

[215] *Weischedel*, Recht und Ethik, a.a.O. (N. 100) S. 262: „So steht der Mensch zwischen bestimmender Vergangenheit und zu entwerfender Zukunft mitten inne, aber so, daß es weithin bei ihm selber steht, in welchem Umfang er das Erbe der Geschichte in seine Gegenwart aufnehmen und in welche Richtung hinein er die Zukunft gestalten will. Wie immer es mit der objektiven Erweisbarkeit der menschlichen Freiheit stehen mag, — im konkreten Augenblick erfahren wir ständig, daß wir die Verantwortung für den Schritt aus der Vergangenheit in die Zukunft hinein auf uns zu nehmen haben." Vgl. dazu *Hermann Lübbe*: Theorie und Entscheidung — Studien zum Primat der praktischen Vernunft, Freiburg 1971.

[216] Damit sind zugleich die relativ engen Grenzen der möglichen Antwort angesprochen. Vgl. W. *Burckhardt*, Die Organisation der Rechtsgemeinschaft, S. 188: „Der Anfang des geltenden Rechts, oder besser: sein letzter Geltungsgrund ist immer irrational in dem Sinne, daß die Pflicht, einer bestimmten Rechtsordnung zu gehorchen, nie aus der Vernunft allein abgeleitet, also auch nie vollständig begründet werden kann; weil die Auswahl der in Geltung zu setzenden Ordnung durch den Zufall der menschlichen Entschließung geht." Wenn Burckhardt dann fortfährt (S. 189 f.), jede Verfassung sei irrational auch in dem Sinne, daß sich für die aus politischer Pflicht, „zu einem gemeinsamen positiven Entschluß zu gelangen", einzugehenden Kompromisse kein grundsätzliches Beurteilungskriterium angeben lasse, so folgt daraus eben die Frage nach dem geschichtlich-praktischen Maßstab. Vgl. auch *Adalbert Podlech*: Gehalt und Funktion des allgemeinen verfassungsrechtlichen Gleichheitssatzes (Schriften z. Öffentl. Recht 144), Berlin 1971, S. 259: „Effektive Rechtsordnungen sind (sc. im Unterschied zu solchen von notwendig möglicher Geltung — dazu unten nach N. 217) kontingent und nur relativ begründungsfähig im Hinblick auf kontingente historische und gesellschaftliche Lagen."

[217] *Kant:* Über den Gemeinspruch: Das mag in der Theorie richtig sein, taugt aber nicht für die Praxis, II. Vom Verhältnis der Theorie zur Praxis im Staatsrecht. (gegen Hobbes.) Folgerung (Ed. Vorländer S. 94 ff. [95]). Vgl. dazu und zum folgenden oben nach N. 33 und nach N. 111, ferner *Riedel*, Herrschaft und Gesellschaft, a.a.O. (N. 7) S. 245 ff.

[218] Mit diesem Gedanken einer ein Maximum miteinander verträglicher Handlungen zulassenden Ordnung als einer „Rechtsordnung von notwendig

2. Die Legitimität der demokratischen Verfassung

an sich unvernünftigen, aber aus seinem Egoismus berechenbaren und über die notwendigen Bedingungen seiner Entfaltung aufklärungsfähigen Willens weit genug trägt.

Da die aktuelle Zustimmung aller natürlich ein irreales Postulat darstellt, muß man von vornherein auf die *potentielle* Einstimmung abstellen, wobei die Möglichkeit der Zustimmung aller der wirklichen indessen eben nur insoweit gleichgesetzt werden kann, als der Konsens unter jener Voraussetzung, daß jeder Wille auch die Bedingungen seiner eigenen Entfaltung will, denknotwendig ist. Kann aber die Möglichkeit der Zustimmung aller zwingend nur durch ihre Denknotwendigkeit dargetan werden, dann sind Satzungen nur insoweit konsensfähig, als sie die für die Koexistenz notwendigen Schranken aller individuellen Freiheitsverwirklichungen formulieren. Was aber auf diese Weise gerechtfertigt wird und allein gerechtfertigt werden kann, das ist noch weniger als *Kants* das bürgerliche Recht garantierender formaler Rechtsstaat[219]: nämlich nur eine Verhaltensordnung für Privatpersonen unter der apriorischen Bedingung der Gleichheit[220]. Diese strukturelle Rechtstheorie denkt das Gesetz bloß als *Savignys* „unsichtbare Grenze"

---

möglicher Geltung" knüpfte an *Kants* Rechtstheorie *Jürgen von Kempski* an: Naturrecht und Völkerrecht (1948), in *ders.*: Recht und Politik — Studien zur Einheit der Sozialwissenschaft, Stuttgart 1965, S. 9 - 26 (12 f.); *ders.*: Gedanken zu einer Strukturtheorie des Rechts (1959), ebd. S. 36 - 47; *ders.*: Bemerkungen zum Begriff der Gerechtigkeit (1959), ebd. S. 48 - 61; *ders.*: Grundlegung zu einer Strukturtheorie des Rechts (Akademie der Wissenschaften u. der Literatur — Abh. d. geistes- u. sozialwiss. Kl. Jg. 1961. Nr. 2), Wiesbaden 1961. Ganz ähnlich jetzt, dem *Kant*-Interpreten *Julius Ebbinghaus* (Die Idee des Rechts, Zeitschr. f. philosoph. Forsch. XII [1938] S. 17 - 42, 515 - 546; nun in *ders.*: Gesammelte Aufsätze, Vorträge und Reden, Darmstadt 1968, S. 274 - 331) verpflichtet und den empirischen Einzelwillen als Ausgangspunkt hervorhebend *Geismann*, Ethik und Herrschaftsordnung, S. 21 N. 8, 43 ff., 55 ff., 59 ff.

[219] Nachweise in N. 217. Vgl. dazu auch *Jürgen v. Kempski:* Kant und der Geist der europäischen Philosophie, Archiv für Philosophie 1 (1947) S. 9 - 38 (35 ff.).

[220] Anders als *Geismann* (N. 218) hat *v. Kempski* das klar gesehen und herausgestellt; vgl. *v. Kempski*, Naturrecht und Völkerrecht, a.a.O. (N. 218) S. 9 ff.; *ders.*, Gedanken zu einer Strukturtheorie des Rechts, a.a.O. (N. 218) S. 38 („das strukturelle Verträglichkeitsprinzip ... leistet genau das, was eine Privatrechtsordnung leistet oder leisten soll"), 39 f., 44, 47 („Die Schwierigkeiten [der Strukturtheorie] liegen vor allem auf dem Gebiete des öffentlichen Rechts, dessen Problematik eine so ganz andere ist als die des Privatrechts. Während es sich bei letzterem im Kern um die Verträglichkeit von Handlungen handelt, geht es beim öffentlichen Rechte um etwas gänzlich anderes, um die Steuerung der Entwicklung der Gesamtsituation insbesondere, d. h. um Gleichgewichtsfragen, Interessenausgleich usf."); *ders.*, Grundlegung zu einer Strukturtheorie, S. 5, 13 f. Zum Unterschied insbesondere von Verfassungsrecht und Privatrecht *Herbert Krüger:* Verfassungswandlung und Verfassungsgerichtsbarkeit, Festg. f. Rudolf Smend, Tübingen 1962, S. 151 - 170 (159). Zu den bei Geismann übergangenen Fragen auch *Riedel*, Herrschaft und Gesellschaft, a.a.O. (N. 7) S. 250 ff., und weiter im Text.

III. Rechtsgeltung im demokratischen Verfassungsstaat

zwischen den Freiräumen der Individuen[221]. Als pure Verhaltensordnung kennt die von ihr konstruierte Rechtsordnung folglich keine Sanktionsregeln, keine Organisation und kein Verfahren[222]. Unter dem Gesichtspunkt der Logik ergibt sich die Unzulänglichkeit jener Theorie daraus, daß die Rechtsordnung von notwendig möglicher Geltung eine Ordnung absoluter Gleichbehandlung ist, während jede effektive Rechtsordnung zwangsläufig rechtliche Ungleichheiten impliziert[223]. Natürlich trifft dieser selbe Einwand übrigens auch das kognitiv ansetzende *Habermas*sche Legitimationsmodell „kommunikativer Normativität", wonach „nur *die* Normen Geltung beanspruchen dürfen, auf die sich alle Betroffenen als Teilnehmer eines Diskurses (zwanglos) einigen (oder einigen würden), wenn sie in eine diskursive Willensbildung eintreten (oder eintreten würden)"[224] — sobald man es auf die konkrete Rechtsordnung im ganzen bezieht.

Zudem ist der demokratische Verfassungsstaat unabdingbar zwar auch und vorrangig, aber nicht nur Rechtsstaat, und sein Recht — vom Problem der Sanktionsregeln, der Organisation und des Verfahrens ganz abgesehen — mehr als reine Abgrenzung der Sphären individueller Freiheit[225], etwas anderes als bloß ‚Feldvermessung'[226]. Die Unum-

---

[221] *Friedrich Carl von Savigny:* System des heutigen Römischen Rechts, Berlin 1840, Bd. 1 S. 331 f.

[222] So ausdrücklich *v. Kempski*, Gedanken zu einer Strukturtheorie des Rechts, a.a.O. (N. 218) S. 41 f.

[223] Dazu vorzüglich *Podlech*, Gehalt und Funktion des allgemeinen verfassungsrechtlichen Gleichheitssatzes, S. 44 f., 242 ff., 252 ff.

[224] *Habermas:* Legitimationsprobleme im Spätkapitalismus, S. 124 f.

[225] Zu dem damit angesprochenen Problemkreis des Verhältnisses von Rechtsstaatlichkeit und Sozialstaatlichkeit vgl. außer dem von *Ernst Forsthoff* hrsgg. Sammelband: Rechtsstaatlichkeit und Sozialstaatlichkeit (Wege d. Forsch. CXVIII — Darmstadt 1968) v. a. *Dieter Suhr:* Rechtsstaatlichkeit und Sozialstaatlichkeit, Der Staat 9 (1970) S. 67 - 93.
Über die sozialstaatlichen Konsequenzen für die Grundrechtstheorie pronociert *Peter Häberle:* Grundrechte im Leistungsstaat, VVDStRL 30 (1972) S. 43 - 141. Kritisch dazu *Hans Heinrich Rupp:* Vom Wandel der Grundrechte, AöR 101 (1976) S. 161 - 201 (176 ff.). Zur Fragwürdigkeit sozialer Grundrechte im allgemeinen *Georg Brunner:* Die Problematik der sozialen Grundrechte (Recht und Staat 404/5), Tübingen 1971, und jetzt *Peter Badura:* Das Prinzip der sozialen Grundrechte und seine Verwirklichung im Recht der Bundesrepublik Deutschland, Der Staat 14 (1975) S. 17 - 48.
Die nachfolgenden Bemerkungen richten sich namentlich gegen *Geismanns* (N. 218) Verkürzungen des Problems.

[226] Vgl. die Theorie der Institution und zwei andere Aufsätze von *Maurice Hauriou*, hrsgg. v. *Roman Schnur* (Schriften zur Rechtstheorie 5), Berlin 1965, S. 32, wo der die in der Menschen- und Bürgerrechtserklärung vorgesehenen „Schranken" der Freiheit bestimmende Gesetzgeber als „Feldvermesser" bezeichnet wird, „der zwischen verschiedenen Interessen Grenzen absteckt". Zur Kritik an dieser alten, von *Locke* und *Kant* herrührenden „Schrankenziehungslehre" — vgl. etwa *Gerhard Anschütz:* Art. Gesetz, in *Stengel / Fleischmann:* Wörterbuch des Deutschen Staats- und Verwaltungsrechts, 2. Aufl., 2. Bd., Tübingen 1913, S. 212 - 218 (212): „Eine Rechtsnorm ist, dem

2. Die Legitimität der demokratischen Verfassung

gänglichkeit staatlicher Sozialgestaltung und Güterverteilung und die dementsprechende Ausdifferenzierung eines vielfältigen rechtlichen Instrumentariums zur Ordnung und Steuerung sozialer, namentlich wirtschaftlicher Prozesse[227] erweitern das Problem der Legitimität und der Rechtsgeltung folglich noch einmal um eine ganze Dimension[228]. Wo der Spielraum individueller Entfaltung, ja schon die Nutzbarkeit von Freiheitsgarantien in so hohem Maße von staatlichen Interventionen und öffentlichen Leistungen abhängt, da müßte jener vorausgesetzte freie Individualwille unausweichlich auch den sozialstaatlichen Ausgleich, müßte er soziale Gerechtigkeit wollen, obwohl mit dieser nicht nur faktischen, sondern auch normativen Verklammerung

---

Wesen des objektiven Rechts entsprechend, eine Vorschrift, welche die Willensmacht mehrerer willensfähiger Wesen (Personen) wechselseitig abgrenzt, vorausgesetzt, daß ihre Befolgung durch sozialen Zwang gesichert ist." Siehe auch *Georg Jellinek:* Gesetz und Verordnung, Freiburg i. Br. 1887 (Neudr. 1964), S. 242: „Jedes Gesetz, ob wichtig oder unbedeutend, ob lang- oder kurzlebig, ob seine Herrschaft in der Wirklichkeit tausendfältig oder niemals bewährend, enthält die Anordnung eines Rechtssatzes, wenn es der sozialen Schrankenziehung wegen erlassen wurde." — schon *Albert Haenel:* Studien zum Deutschen Staatsrecht, II. Bd., 2. Heft: Das Gesetz im formellen und materiellen Sinne, Leipzig 1888, S. 208 (Nachdr. Darmstadt 1968, S. 112): „Zweifellos ist die gegenseitige Begrenzung, die Anerkennung irgendwie gegen einander selbständiger Willen die begriffliche Voraussetzung wie der Gesellschaft, so auch des Rechtes. Eben deshalb ist es und bleibt es eine fundamentale Funktion des Rechtes, die Begrenzungen auf einander bezogener und wirkender Willenskräfte zu ordnen und aufrecht zu erhalten. Aber über diese Aufgabe hinaus, die die Bewahrung seiner Existenzbedingungen zum Gegenstande hat, liegt die andere fundamentale Aufgabe des Rechtes, die seinen Endzweck und seinen Kulturwerth ausmacht. Das ist die Aufgabe, das *Zusammenwirken* in der menschlichen Gesellschaft zu ordnen; jene festen Regeln oder Formen zu schaffen, welche die aufeinander wirksamen Willenskräfte nicht — negativ — abgrenzen, beschränken, sondern welche sie — positiv — verbinden, verstärken, zusammensetzen in den manigfachsten Kombinationen, um durch planmässige und berechenbare Vereinigung der Kräfte Das zu erreichen, was den nur gegeneinander abgegrenzten Willen unerreichbar ist. Nur in einer ganz wunderlichen Verrenkung der Begriffe ›Begrenzung‹, ›Beschränkung‹ kann man diese organisatorische Leistung des Rechtes auf Grenzbestimmungen, auf soziale Schrankenziehungen zurückführen." Näher dazu *Stephan Graf Vitzthum:* Linksliberale Politik und materiale Staatsrechtslehre — Albert Hänel 1833 - 1918, Freiburg/München 1971, S. 134 ff.

[227] Über den modernen Staat als Protektor nicht mehr nur einzelner Armer und Benachteiligter, sondern ganzer Klassen, als Verteiler von Sozialleistungen, die er in einem unübersehbaren Ausgleichssystem finanziert, als industrieller Unternehmer sowie Aufseher und Intervenient in der Privatwirtschaft und als Schiedsrichter in den Interessengegensätzen der Klassen und Gruppen *W. Friedmann:* Law and Social Change in Contemporary Britain, London 1951, S. 298 ff. Speziell über die neuen sozialen Aufgaben der Gesetzgebung *Karl Zeidler:* Massnahmegesetz und „klassisches" Gesetz, Karlsruhe 1961, S. 7 ff.

[228] „Der Staat des ausgehenden 20. Jahrhunderts wird das Problem der ‚sozialen Gerechtigkeit' als Problem Nummer 1 anerkennen und danach verfahren oder er wird eine vernichtende Legitimitätseinbuße erleiden." *Denninger,* Staatsrecht 1, S. 135.

individueller Freiheit und staatlicher Sozialgestaltung die Verfügungsmacht des Staates über private Freiheit von Rechts wegen gefährlich steigt, indem sie die Schutzwirkung der individuellen Freiheitsrechte zwangsläufig in einem fatalerweise auch nicht annähernd genau angebbaren Umfang mindert[229]. Hier sind immer neue Auseinandersetzungen nötig, muß stets aufs neue ein Ausgleich gefunden werden. Und weil das so ist, hätte jener nach Freiheit von fremder Bevormundung strebende Wille des einzelnen um seiner Freiheit willen endlich auch noch den offenen demokratischen Prozeß der politischen Entscheidungsfindung einschließlich der Möglichkeit des Unterliegens in der Mehrheitsentscheidung zu wollen, damit Freiheit immer wieder verteidigt werden kann und die illiberalen Gestaltungen wenigstens reversibel bleiben.

Im übrigen zog ja — nebenbei gesagt — schon der liberale Rechtsstaat des vorigen Jahrhunderts die normative Kraft seiner Idee keineswegs allein aus dem Gesichtspunkt der Sicherung individueller Freiheit. Vielmehr zehrte er direkt oder indirekt (nämlich im Wege der Kompensation) zu einem guten Teil von der Energie des Nationalstaatsprinzips, von der Macht des Gedankens nationaler Einheit[230] — auch und gerade insoweit, als der formale Rechtsstaat, wie er sich in der 2. Hälfte des 19. Jahrhunderts in Deutschland durchgesetzt hat, im Verhältnis zur Idee des parlamentarischen Verfassungsstaates Ausdruck politischer Resignation war[231]. In der Tat wäre ein bloßer ‚Nachtwächterstaat', ein abstrakter „Vernunftstaat der Freiheit" und d. h.: ein bloßer Apparat der Rechtssicherung des status quo mangels ausreichender Integrationskraft schwerlich lebensfähig[232] — so wenig vermutlich, wie eine vollkommen offene Gesellschaft. Denn selbst wenn man die staatlichen Aufgaben noch so bescheiden veranschlagt, wird ihre autonome Erfüllung wirksam und auf Dauer nur möglich sein, wenn ein ausreichend

---

[229] Sehr instruktiv *Ernst-Wolfgang Böckenförde:* Grundrechtstheorie und Grundrechtsinterpretation, NJW 27 (1974) S. 1529 - 1538 (1535 ff., 1537 f.).

[230] Allgemein über den Zusammenhang von Verfassungsstaatlichkeit und Nationalstaatsprinzip *Ernst Rudolf Huber:* Nationalstaat und supranationale Ordnung, in *ders.:* Nationalstaat und Verfassungsstaat, Stuttgart 1965, S. 273 bis 291 (275, 280 ff.) — speziell zur Verbindung individueller Freiheit und nationaler Einheit *Ernst Forsthoff:* Einiges über Geltung und Wirkung der Verfassung, Festschr. f. Ernst Rudolf Huber, Göttingen 1973, S. 3 - 15 (5) — m. E. allerdings ohne hinreichende Berücksichtigung der deutschen Sonderentwicklung.

[231] *Fritz Scharpf:* Die politischen Kosten des Rechtsstaates — Eine vergleichende Studie der deutschen und amerikanischen Verwaltungskontrollen (Wirtschaft u. Gesellschaft 1), Tübingen 1970, S. 56 f.

[232] So kehrt der Bezug auf das Sittengesetz, in *Geismanns* Entwurf eines abstrakten Vernunftstaates der Freiheit zunächst als „willkürliche Freiheitsmanipulation" aus seiner Rechtsordnung verwiesen, sodann als Bedingung lebendiger Einheit und Konsistenz eben dieser Rechtsordnung wieder (Ethik und Herrschaftsordnung, S. 69 ff.).

2. Die Legitimität der demokratischen Verfassung

großer Teil der Bürger sich mit diesem Gemeinwesen identifiziert und d. h.: in seiner Besonderheit und Eigenständigkeit bejaht. Jener notwendig (wenn auch nur potentiell) allgemeine Wille müßte folglich auch noch als Wille zur politischen Identität des Gemeinwesens, zu dessen historisch konkreter Eigenständigkeit, als Wille zum nationalen Selbstsein gedacht werden[233]. Und wenn Repräsentation die Art und Weise der Wirklichkeit kollektiver Identitäten im *Heller*schen Sinne überindividueller Wirkungseinheiten ist, so kann, ja muß man die Verfassung des Gemeinwesens das „Programm der Nationalen Integration und Repräsentation" nach den Prinzipien des demokratischen und sozialen Rechtsstaats nennen[234]. Hier wird die Fragwürdigkeit des ausschließlich individualistischen Ansatzes nun wohl vollends deutlich.

In summa: Die Bedingungen eines friedlichen sozialen Zusammenlebens sind zu komplex und die Probleme, es zu organisieren viel zu diffizil, als daß die Vorstellung eines Naturzustandes der vereinzelten einzelnen analytisch und als Beurteilungsmaßstab genügte und zureichte, um den Verfassungskonsens der konstitutionellen Demokratie in vollem Umfang ins Recht zu setzen. Blind etwa gegenüber dem elementaren Phänomen der Solidarität unterstaatlicher Gruppen ist schon *Hobbes* mit seinen Konstruktionen auf der Basis eines solchen Sozialmodells gescheitert[235]. Und das Modell ist unter den Bedingungen der pluralistischen Gesellschaft seither nicht überzeugender geworden[236]. Geht es in der Verfassung doch nicht allein darum, eine nach be-

---

[233] Dies gegen *Geismann*, Ethik und Herrschaftsordnung, S. 59 ff.

[234] Dies bedeutet freilich keine Identifikation mit allem, was *Herbert Krüger* dazu geschrieben hat; vgl. zuletzt: Die Verfassung als Programm der Nationalen Integration, Festschr. f. Friedrich Berber, München 1973, S. 247 - 272; Die Verfassung als Programm der Nationalen Repräsentation, Festschr. f. Ernst Rudolf Huber, Göttingen 1973, S. 95 - 116. — Zu den Hintergründen der Krügerschen Repräsentationsvorstellung vgl. *meine* Geschichte des Repräsentationsbegriffs S. 401 f. Was Krügers Frontstellung gegen das rein negative Freiheitsverständnis der die Grundrechtsinterpretation immer noch weithin beherrschenden Meinung betrifft, so teile ich seine Auffassung, daß es sich dabei um das zu überwindende Ergebnis eines spezifisch deutschen Verkümmerungsprozesses handelt (der freilich nicht erst auf die Gründerzeit zurückgeht, wie Krüger meint); vgl. *meine* Bemerkungen in AöR 91 (1966) S. 407 - 413 (408 f.). Indessen hat man den Eindruck, daß es Krüger hauptsächlich um die Reglementierung und Sanktionierung von Freiheitsbeschränkungen im Sinne eines gewissen Sittenkodex geht.

[235] Vgl. *C. B. Macpherson*, Die politische Theorie des Besitzindividualismus, S. 110 ff. Zu diesem Naturzustandsmodell schon oben nach N. 33.

[236] *Habermas*, Legitimationsprobleme, S. 153 Fußn.: „Der *fundamentale* Irrtum des methodischen Solipsismus erstreckt sich auf die Annahme der Möglichkeit nicht nur des monologischen *Denkens*, sondern auch des monologischen *Handelns:* absurd ist die Vorstellung, als könne ein sprach- und handlungsfähiges Subjekt den Grenzfall kommunikativen Handelns, nämlich die monologische Rolle des instrumentell und strategisch Handelnden permanent machen, ohne seine Identität zu verlieren." Dazu auch *ders.*:

III. Rechtsgeltung im demokratischen Verfassungsstaat

stimmten Regeln effektiv und planmäßig arbeitende Staatsmaschinerie im Dienste der Rechtssicherheit individueller Besitzstände zu konstruieren, sondern um der normativen Kraft der Verfassung willen[237] — weil nur diejenigen Wertungen gesellschaftlich und politisch wirksam werden können, welche „den Relevanzbedingungen der jeweiligen politischen Kultur entsprechen"[238] — notwendig vor allem darum, die zu etablierende Herrschaft, den einzurichtenden politischen Prozeß mit den in der konkreten historischen Situation vorhandenen gesellschaftlichen Strukturen, mit den geltenden sozialen Normen, mit den kollektiven Hoffnungen und mit den Sinnperspektiven des individuellen Daseins zu dem Ziele eines lebendigen, eines entwicklungsfähigen Wirkungs- und Entscheidungszusammenhanges zu verbinden[239]. Daß eine normativ wirksame Verfassung keine Schöpfung aus dem normativen Nichts, keine punktuelle Dezision ist, der alle denkbaren Wertungen total verfügbar wären[240] (weshalb sie ja auch nicht beliebig exportiert werden kann), macht also nur die eine Seite des Vorgangs aus. Die andere ist die, daß es für ein Gemeinwesen lebensbedrohend werden kann — das läßt sich an der Geschichte der *Bismarckschen* Reichsverfassung studieren, die ihre tödliche Krise durch ihre eigentümliche „Perspektivenlosigkeit" selbst mitproduziert hat[241] —, wenn der Verfassunggeber sich damit begnügt, die gegebenen Verhältnisse und vorhandenen Machtpositionen festzuschreiben. Jedenfalls aber fließen auf diese Weise die Grundlagen und Voraussetzungen der historisch-konkreten politischen Gemeinschaftsbildung „ausdrück-

---

Vorbereitende Bemerkungen zu einer Theorie der kommunikativen Kompetenz, in *Habermas / Luhmann*, Theorie der Gesellschaft, S. 101 - 141 (136 ff.); *Karl-Otto Apel:* Transformation der Philosophie, Bd. 2: Das Apriori der Kommunikationsgemeinschaft, Frankfurt a. M. 1973; *ders.:* Zum Problem einer rationalen Begründung der Ethik im Zeitalter der Wissenschaft, a.a.O. (N. 128) S. 28 ff.

[237] Dazu *Konrad Hesse:* Die normative Kraft der Verfassung (Recht u. Staat 222), Tübingen 1959.

[238] *Fritz Scharpf:* Demokratietheorie zwischen Utopie und Anpassung (Konstanzer Universitätsreden 25), 2. Aufl., Konstanz 1972, S. 17.

[239] Über den notwendigen Zusammenhang von Verfassungsrecht und sozialen Formationen (demzufolge „Verfassungstheorie ... verfassungsbezogene Gesellschaftstheorie [ist]" — *Walter Schmidt:* Rechtswissenschaft und Verwaltungswissenschaft, in: Rechtswissenschaft und Nachbarwissenschaften, B. 1, hrsgg. v. *Dieter Grimm,* Frankfurt a. M. 1973, S. 89 - 106 [96] —, aber auch verfassungsbezogene Anthropologie! Siehe auch *Peter Häberle:* Verfassungstheorie ohne Naturrecht; AöR 99 [1974] S. 437 - 463 [442 f., 447 ff.]) schon klassisch *Dietrich Schindler:* Verfassungsrecht und soziale Struktur, 5. Aufl., Zürich 1970, S. 92 ff.: „Recht und Ambiance." Vgl. auch *Ossip K. Flechtheim:* Recht und Gesellschaft: Einige pluralistisch-soziologische Randglossen zur Reinen Rechtslehre, Festschr. f. Hans Kelsen, Knoxville 1964, S. 71 - 83 (78).

[240] Vgl. dazu *Scharpf,* Demokratietheorie, S. 11 ff.

[241] Hierzu näher *meine* noch nicht veröffentlichte Schrift über den deutschen Konstitutionalismus.

2. Die Legitimität der demokratischen Verfassung

lich oder als praktische Prämisse in die Verfassung ein und prägen so durch Recht, also nicht nur moralisch oder politisch-programmatisch, die verfassungsstaatliche Ausübung von Herrschaft"[242] — als geschichtliches Naturrecht, wenn man so will[243]. Insofern sind Recht und Ethik, wiewohl zu unterscheiden, entgegen jener positivistischen Antithese von Recht und Moral auf der Ebene des Verfassungsrechts — es sei nur auf den aktuellen Beispielsfall der Reform des § 218 StGB verwiesen — noch weniger als sonst sachlich zu trennen[244]. Dies genau ist auch der Punkt, an dem sich — nachdem wir uns bisher mit der Einarbeitung des Geltungsaspekts kraft der Autonomie des Subjekts beschäftigt haben — nun die verfassungstheoretische Bedeutung aller objektiven Rechtsgeltungsphilosophie[245] zeigt, insofern sie dem Verfassunggeber vorgegebene Sinnprinzipien reflektiert.

Insgesamt gesehen scheint es nach alledem mehr als zweifelhaft, ob es möglich ist, den Verfassungskonsens, der unvermeidlich also eine höchst spannungsvolle Einheit darstellt[246], aus einem einzigen sachlichen Prinzip heraus zu legitimieren — auch wenn namentlich der Rechtsstaatsgedanke, dessen Rationalität die historische Situation seiner Entstehung und Entfaltung überschreitet, ein Angelpunkt unserer Überlegungen bleiben muß. Kann die Verfassung des demokratischen Verfassungstaates aber nicht in dem eingangs skizzierten Sinne aus einem einzigen inhaltlichen Prinzip legitimiert werden, dann ist eben keine im Sinne ideologischer Reinheit widerspruchsfreie Rechtfertigung des tatsächlich gleichwohl offenkundig konsensfähigen Gan-

---

[242] *Badura*, Verfassung und Verfassungsgesetz, a.a.O. (N. 174) S. 21.

[243] Angesichts der Unbestimmtheit des Naturrechtsbegriffs (vgl. N. 106) und im Hinblick auf die Vieldeutigkeit der Geschichtlichkeit des Rechts (vgl. *José Llompart:* Die Geschichtlichkeit in der Begründung des Rechts im Deutschland der Gegenwart, Frankfurt a. M./Berlin 1968) will diese Bemerkung nur den Punkt möglicher Verknüpfung mit einer von einem anderen Ansatzpunkt ausgehenden Diskussion bezeichnen.

[244] Vgl. dazu oben bei N. 90, sowie *Kriele*, Rechtspflicht und die positivistische Trennung von Recht und Moral, a.a.O. (N. 94) passim; *ders.*: Einführung in die Staatslehre, S. 26 ff.; ferner auch *Herbert Lionel A. Hart:* Recht und Moral, Göttingen 1971, S. 14 - 57, demzufolge die begriffliche Trennung von Recht und Moral nicht die rationale Begründbarkeit moralischer Urteile ausschließt. Billigt man diese Auffassung vom Wesen moralischer Normen, dann ist die Möglichkeit des Beweises moralischer Verwerfbarkeit von Rechtsvorschriften angesichts der Lückenhaftigkeit der Rechtssysteme gerade nicht die einzige Konsequenz hieraus, wie Hart S. 53 annimmt. Siehe schließlich noch *Ott*, Rechtspositivismus, S. 174 - 192.

[245] Oben nach N. 95.

[246] Dazu *Scheuner*, Konsens und Pluralismus, a.a.O. (N. 45) S. 61 ff. (62): „Dieser in die Zukunft gerichtete Aspekt, die Verfassung als verbindlicher Entwurf gemeinsamer Entwicklung, ist es, den man als Grundkonsens bezeichnen kann. Er trägt nicht selten Kompromißcharakter, wie es bei den Verfassungen von Weimar (1919) und Bonn (1945) der Fall war. Darin liegt ein gewisses Element des Vertraglichen, auch wenn man die ältere Vorstellung des Staatsvertrages heute nicht mehr verwenden mag."

zen möglich. Man wird sich deswegen nun nicht auf eine transzendental-logische oder sonstwie formale Begründung zurückziehen müssen. Vielmehr scheint eine Wendung von der reinen Theorie und namentlich von derjenigen eines dezisionistischen, im Hinblick auf die Widersprüchlichkeiten der Realität allemal ideologischen[247] Verfassungskonstruktivismus[248] hin zur praktischen Vernunft dergestalt geboten, daß man den die Verfassung des freiheitlich-demokratischen und sozialen Rechtsstaats tragenden Verfassungskonsens als Bekräftigung der prägenden geschichtlichen Erfahrungen, der besten Traditionen und der vornehmsten Ziele und Hoffnungen der Nation versteht[249]. D. h.: die Ableitung der Normativität des Verfassungskonsenses aus einem vorgängigen Prinzip wird ersetzt durch die praktische (und natürlich sehr perspektivische) Vermutung seiner Rationalität und seiner nicht transzendental-idealistisch, sondern historisch-konkret denkbar größten Konsensfähigkeit[249a]. Freilich nicht grundlos: denn dies Vermutung baut auf die bewährte Tradition des demokratischen Verfassungsstaates; sie baut auf den in dieser Tradition entwickelten Standard der Rechtskultur, der eine zumindest erträgliche Ordnung als Voraussetzung einer besseren und gerechteren Ordnung verbürgt[250]. Als solcherart durch die Qualität der Überlieferung ausgewiesener und in die Zukunft weisender Versuch des Richtigen ist die Verfassung der historisch konkrete gemeinsame Grund, der politische Praxis in ihrer Vielfalt und mit ihren Gegensätzlichkeiten als sinnvolle erst möglich macht, indem sie allem praktischen Relativismus, Ausgleich und Kompromiß samt der Inkonsequenz von Mehrheitsentscheidungen mit Minderheitenschutz den Charakter einer bloßen Verlegenheitslösung nimmt[251]. Und da die

---

[247] Dazu *Hollerbach*, Ideologie und Verfassung, a.a.O. (N. 192).

[248] „Es ist ... nicht der Sinn der Verfassung, ‚Entscheidung' im Sinne irgendeines sachlich folgerichtigen politischen Denksystems zu sein, sondern lebendige Menschen zu einem politischen Gemeinwesen zusammenzuordnen." *Rudolf Smend*: Bürger und Bourgeois im deutschen Staatsrecht, in *ders.*: Staatsrechtliche Abhandlungen, 2. Aufl., Berlin 1968, S. 309 - 325 (320 N. 15).

[249] Vgl. dazu noch einmal *Scheuner* a.a.O. (N. 246).

[249a] „Man kann nicht in aller Öffentlichkeit von Verfassungen reden, ohne miteinzubeziehen, daß dieses Reden schon immer *unter* überlieferten Innen- und Außenverfassungen sich vollzieht und gleichzeitig versuchte Arbeit *an* den Verfassungen des Innen und des Außen ist." *Suhr*, Bewußtseinsverfassung und Gesellschaftsverfassung, S. 361.

[250] Dazu *Hollerbach*, Ideologie und Verfassung, a.a.O. (N. 192) S. 53; *Robert Spaemann*: Moral und Gewalt, in: Rehabilitierung der praktischen Philosophie I (N. 111), S. 215 - 241 (234 ff.); und jetzt vor allem *Kriele*, Einführung in die Staatslehre, passim.

[251] *Ryffel*, Rechts- und Staatsphilosophie, S. 289 ff., 314 ff. — Insofern ist es keineswegs nur ein „soziales Müssen", das zur „Akzeptierung" von Staat und Recht, „einschließlich des Geltungsanspruchs des positiven Rechts als ‚gesollt' (zwingt)". So aber *Martin Drath*: Über eine kohärente sozio-kulturelle Theorie des Staats und Rechts, Festschr. f. Gerhard Leibholz, 1. Bd., Tübingen 1966, S. 35 - 80 (76).

2. Die Legitimität der demokratischen Verfassung

Verfassung *historisch-konkreter* Grund unseres politischen Lebens ist, hängt dessen Gemeinsamkeit davon ab, daß wir uns fortdauernd über *beide* Dimensionen unserer Geschichte verständigen. Nicht immer freilich wird, wie es scheint, hinlänglich realisiert, daß „geltende Ordnungen" ihre Verbindlichkeit *auch* „im Schwund des Vertrauens in ihre Zukunftsfähigkeit (verlieren)"[252].

Wenn aber ein solcher Verfassungskonsens die Vermutung der Vernünftigkeit der Verfassung (und darüber hinaus dann der Vernünftigkeit aller dieser Verfassung entsprechenden Gesetze) begründet, so folgt daraus die Umkehrung der Beweislast: nicht der vorhandene Normbestand, sondern jede Veränderung bedarf der Rechtfertigung[253]. So neu ist dieser Gedanke nun freilich nicht. Hat doch — formal gesehen — schon *Edmund Burke* in Gestalt des für seine Rechtsphilosophie und Verfassungstheorie maßgeblichen Gedankens der *prescription*, der Verjährung, im Grunde mit dieser Überlegung operiert[254]. Übrigens arbeitet auch unser Verfassunggeber insofern auf der Grundlage einer Vermutung zugunsten der Rationalität des vorhandenen Rechtsstoffes, als er in Art. 123 Abs. 1 GG die Fortgeltung alten Rechts anordnete, soweit es dem GG nicht widerspricht, und nicht: soweit es dem GG entspricht[255]. Unter dem Gesichtspunkt der Philosophie der Normativität bedeutet die Ersetzung der Ableitung aus einem vorgegebenen allgemeinverbindlichen Prinzip durch die Vermutung der Konsensfähigkeit des weiteren, daß die normative Kraft der Verfassung, daß die angenommene Fähigkeit des Verfassungskonsenses — der zunächst notwendigerweise ein Konsensus der politischen Führungsschicht, der führenden politischen Gruppierungen ist[256] —, durch seine einsichtigen und

---

[252] *Hermann Lübbe:* Legitimitätsschwäche und Jugendbewegung, Merkur 28 (1974) S. 1005 - 1014 (1008).

[253] Zu diesem Gedanken bezüglich der (widerleglichen) Vermutung zugunsten der höchstrichterlichen Rechtsprechung *Kriele,* Theorie der Rechtsgewinnung, S. 243 ff.

[254] Vgl. dazu *Hofmann,* Repräsentation, S. 458 f.

[255] Die von einer solchen Vermutung ausgehende Formulierung der Fortgeltungsanordnung beinhaltet indessen keine Vermutung zugunsten der Fortgeltung oder der Rechtskontinuität. Vgl. *Hamann / Lenz:* Das Grundgesetz, 3. Aufl., Neuwied u. Berlin 1970, Anm. A 2 zu Art. 123. Natürlich spielt in diesem Zusammenhang der Umstand eine große Rolle, daß das typisch nationalsozialistische „Recht" mehr ein Produkt „unbegrenzter Auslegung" denn planmäßiger Gesetzgebung war. Dazu *Bernd Rüthers:* Die unbegrenzte Auslegung — Zum Wandel der Privatrechtsordnung im Nationalsozialismus, Tübingen 1968 (Taschenbuchausg. Frankfurt a. M. 1973).

[256] Insofern kann man den Konsens der Führungsschicht den „realen Urgrund alles Rechts" nennen, wie *Ernst Beling* das getan hat: Vom Positivismus zum Naturrecht und zurück, Festg. f. Ph. Heck, M. Rümelin, A. B. Schmidt, Tübingen 1931, S. 1 - 18 (15). Vgl. ferner *Hans Nawiasky:* Allgemeine Rechtslehre, 2. Aufl., Einsiedeln/Zürich/Köln 1948, S. 18; *C. J. Friedrich,* Der Verfassungsstaat der Neuzeit, S. 144 f., 148 f. Infolge eines intensiven

III. Rechtsgeltung im demokratischen Verfassungsstaat

darum verpflichtenden Prinzipien politisch regulativ zu wirken, *sich bewähren muß*[257] — womit die Kategorie der Normativität (dem Entwurfscharakter namentlich des Verfassungsrechts entsprechend) in die Zukunft geöffnet, um die Dimension der Zeit erweitert wird[258]. Der Geltungsanspruch der rechtsstaatlich-demokratischen Verfassung hat gute Gründe, in deren Logik jener Rechtschaffenheitsanspruch aber auch eingelöst werden muß. Aus dem Problem der Legitimität der Verfassunggebung[259] wird auf dieser — dritten — Stufe der Entwicklung die Frage der *Legitimation* der gegebenen Verfassung[260].

Und wodurch bewährt sich diese vom Verfassungskonsens getragene normative Kraft der Verfassung, worin unterscheidet sie sich von bloß tatsächlicher und namentlich von erzwungener Regelhaftigkeit? Offenkundig durch die demokratische Probe der Anerkennung, der direkten und der vielfach vermittelten Anerkennung aus der Freiheit und in der Ausschöpfung der verfassungsstaatlichen Freiheitsgarantien und durch die darin liegende beständige Erneuerung des Verfassungskonsenses[261].

Sozialisationsprozesses scheinen die Einstellungen der Führungsschicht im Durchschnitt liberaler, demokratischer und rechtsstaatlicher zu sein als die der Gesamtbevölkerung: *Scharpf*, Demokratietheorie, S. 41, unter Hinweis auf *D. Truman:* The American System in Crisis, Political Science Quarterly 74 (1959) S. 481 - 497 (488 f.). Über die Tendenz des demokratischen Verfassungsstaates, diesen Konsens auszudehnen, *Kriele*, Einführung in die Staatslehre, S. 25.

[257] Da in Umkehrung des alten Satzes *ultra posse nemo obligatur* Sollen Können impliziert (*Manfred Moritz:* Verpflichtung und Freiheit. Über den Satz „sollen impliziert können", Theoria XIX [Lund 1953] S. 131 - 171; *Hans Albert:* Traktat über kritische Vernunft, Tübingen 1968, S. 76), sind auch die im Verfassungsgesetz vorgenommenen Wertungen als Entscheidungen zu verstehen, die auf Verwirklichung gerichtet sind. Folglich können auch diese Wertungen (und nicht nur die technischen Regelungen der Verfassung) in der Praxis sich bewähren oder an der Erfahrung scheitern. Vgl. *Jürgen Habermas:* Dogmatismus, Vernunft und Entscheidung — Zu Theorie und Praxis in der verwissenschaftlichten Zivilisation, in ders.: Theorie und Praxis (POLITICA 11), Neuwied a. Rh. u. Berlin 1963, S. 231 - 257 (247 f.); *Scharpf*, Demokratietheorie, S. 10 f.

[258] Dazu grundlegend *Häberle*, Zeit und Verfassung, a.a.O. (N. 198).

[259] Vgl. dazu oben unter II 2 eingangs.

[260] Den familienrechtlichen Terminus „Legitimation" hat *Siegfried Brie* (Die Legitimation einer usurpirten Staatsgewalt. Erste Abtheilung, Heidelberg 1866, S. 4) in das öffentliche Recht und die Politik übertragen. Vgl. dazu vom *Verf.:* Das Problem der cäsaristischen Legitimität im Bismarckreich, Teil V (erscheint in Kürze).

[261] In ähnlicher Weise bezeichnet *Kriele* (Theorie der Rechtsgewinnung, S. 182 ff.) die dynamische Rationalität immer neuen vernünftigen Interessenausgleichs als Legitimitätsgrundlage unseres Verfassungssystems. „Konsens in der Demokratie ist nicht ein einmaliges Geschehen, er bildet den Grundzug der politischen Vorgänge, in denen sich das Wirken eines Volksstaates abspielt": *Scheuner*, Konsens und Pluralismus, a.a.O. (N. 45) S. 57; vgl. auch ebd. S. 67 f. Daß die Herstellung von Basiskonsens kein einmaliger Vorgang ist, betont auch *Podlech* (Wertentscheidung und Konsens, in: Rechtsgeltung und Konsens — N. 45 —, S. 24). Er geht ebd. noch weiter: „Selbst grund-

2. Die Legitimität der demokratischen Verfassung

In dieser Weise hat sich ja namentlich die Legitimität unseres Grundgesetzes erwiesen, das doch in seiner Entstehung — Art. 144 erinnert daran — keinem der beiden klassischen Modelle demokratischer Verfassunggebung entspricht, da es weder das Werk einer zu diesem Zweck gewählten Nationalversammlung noch Gegenstand einer Volksabstimmung war[262].

Trotz gewisser Berührungspunkte und äußerlicher Ähnlichkeiten sind diese Überlegungen weder mit der in der Rechtsgeltungsphilosophie so oft diskutierten Anerkennungstheorie identisch, noch haben sie insbesondere etwas mit der eingangs (unter I 3) erwähnten These *Engischs* zu tun, wonach „als Recht gilt, was als Recht von einer Instanz gesetzt ist, deren Legitimität zur Rechtsetzung anerkannt ist" und der wir kraft der aus der Anerkennung folgenden „allgemeinen Bereitschaft zum Rechtsgehorsam" „gehorchen müssen" — wenn auch vielleicht nur „zähneknirschend" —, sofern sie nur den von der Verfassung vorgeschriebenen Weg der Gesetzgebung beschreitet"[263]. Dazu ist dreierlei festzustellen. *Zum ersten:* Verfassung ist allemal mehr und etwas anderes als nur eine Verfahrensordnung für den Gang der Gesetzgebung. Folglich ist für eine Theorie des demokratischen Verfassungsstaates keine extrakonstitutionelle rechtsetzende Instanz (wie eine „Volksversammlung, ... ein Monarch oder gar ein Diktator" bei *Engisch*[264]) vorstellbar, und eine gegenüber der freiheitlich-demokratischen Grundordnung gleichgültige Legitimitätsformel unbrauchbar. *Zum zweiten:* Mit Anerkennung ist in dem hier entwickelten Zusammenhang etwas anderes gemeint als bei *Engisch*, dessen Lehre ja nur eine Spielart der die Anerkennung als das entscheidende Element faktischer Rechtsgeltung hervorhebenden (generellen) Anerkennungstheorie ist[265], welche sich von der h. M. nur insofern unterscheidet, als sie die Anerkennung nicht auf die Rechtsnorm oder die Rechtsordnung im ganzen, sondern auf die „rechtsetzende Instanz" und das heißt im Klartext: auf die jeweiligen Machthaber bezieht. Hier aber geht es weder bloß darum, den Gegenstand der Anerkennung auszutauschen — also etwa die Ver-

---

legende Verfassungsentscheidungen fixieren nichts, sondern definieren in den Grenzen variable Interpretationsspielräume: Unsere freiheitliche demokratische Grundordnung des Jahres 1975 ist nicht mehr die des Jahres 1949."
Naturgemäß finden Krisentheoretiker hier allemal einen Ansatzpunkt.

[262] Vgl. dazu *C. Schmitt*, Verfassungslehre, S. 85 ff.; *v. Beyme*, Die verfassunggebende Gewalt des Volkes, S. 32 ff. Siehe jetzt auch *Henning von Wedel:* Das Verfahren der demokratischen Verfassunggebung — Dargestellt am Beispiel Deutschlands 1848/49, 1919, 1948/49 (Schriften z. Öffentl. Recht 310), Berlin 1976.
[263] *Engisch*, Suche nach der Gerechtigkeit, S. 74 (vgl. oben bei N. 80).
[264] Ebd. S. 75.
[265] Oben nach N. 131.

fassung an die Stelle der einzelnen einfachgesetzlichen Rechtsnormen zu rücken[266] —, noch überhaupt um Anerkennung als Geltungsgrund, sondern um die traditionbildende Bewährung der Vernünftigkeit einer je schon als geltend erfahrenen[267] Verfassung[268]. *Und schließlich:* Als Anerkennung zählt insoweit nur bewußte politische Aktivität, Gestaltung und Ausgestaltung und nicht einfach jede Form der Hinnahme — einschließlich der erzwungenen[269].

Wenn *Matz* meint, bei jedem Rückbezug des Rechts und seiner Geltung auf den menschlichen Willen sei „nicht die Qualität der Tradition, sondern allein die formelle Kategorie des Konsenses (legitimierend)"[270], werde legitimierende Kraft immer nur der „nackten Macht ... des Konsenses über beliebige Werte" zugesprochen[271], so ist diese vielleicht doch etwas schnell fertige Diskreditierung eines 300jährigen Bemühens um den Verfassungsstaat, wie erinnerlich, Konsequenz der Annahme, mit dem Anspruch der Rationalität könnten Recht und Staat allein auf ein „höheres Recht" letzter Ordnungsprinzipien gegründet werden[272]. Indessen verfehlen derartige Deduktionen mit ihrem verkürzten Vernunftbegriff „die eigentliche Dimension einer möglichen Rechtfertigung praktischer Sätze: die moralische Argumentation"[273]. Die Probleme beginnen erst, wo *Sartres* Drama über den Teufel und den lieben Gott längst endet. Aber selbst wenn die Alternative: Ableitung der Rechtsordnung aus letzten Prinzipien oder Macht des Konsenses über beliebige Werte wahr wäre, wenn sie die tatsächliche Situation

---

[266] Wie das *Gerhard Husserl* — im Sinne der individuellen Anerkennungstheorie — tat: Rechtskraft und Rechtsgeltung, 1. Bd.: Genesis und Grenzen der Rechtsgeltung, Berlin 1925, S. 73 f.

[267] Über diese „Geltungserfahrung" *Graf Kielmansegg*, Legitimität als analytische Kategorie, a.a.O. (N. 28) S. 368.

[268] Anerkennung bewirkt also nicht das „Inslebentreten der Norm", aber auch nicht bloß deren „Weiterbestehen". So aber *Helmut Schreiner:* Zum Problem der Wirksamkeit der Normen, Juristische Blätter 92 (1970) S. 411 bis 415 (413).

[269] Dazu oben bei N. 145. Vgl. auch *Badura*, Verfassung und Verfassungsgesetz, a.a.O. (N. 174) S. 37, und *Kriele*, Einführung in die Staatslehre, S. 264 ff. Den zentralen Punkt hebt *Scheuner* heraus, wenn er (Rechtsgeltung und Konsens — N. 45 — S. 69 [Diskussionsbeitrag]) betont, Konsens bedeute nicht nur Einigkeit, sondern sei auch Vertrag und Ausgleich der Gegensätze, ja der Vertrag sei „wahrscheinlich eine demokratischere Form als die enthusiastische Akklamation oder die enthusiastische Einigkeit". In seiner bemerkenswerten Rede vor der Katholischen Akademie in Hamburg hat Bundeskanzler *Helmut Schmidt* diesen Gedanken jüngst dahin zugespitzt, daß die Bejahung der demokratischen Verfassung „geradezu den prinzipiellen Verzicht auf Totalkonsens (bedeutet)" (zit. nach den in der Süddeutschen Zeitung Nr. 121 v. 26./27. Mai 1976, S. 11 abgedruckten Auszügen). Vgl. dazu auch *Suhr*, Bewußtseinsverfassung und Gesellschaftsverfassung, S. 318 f.

[270] *Matz*, Politik und Gewalt, S. 128.

[271] Ebd. S. 129.

[272] Siehe oben NN. 28 und 29. Kritisch dazu schon *Hennis*, Legitimität, a.a.O. (N. 27) S. 28.

[273] *Habermas*, Legitimationsprobleme, S. 144. Vgl. auch *Kriele*, Einführung in die Staatslehre, S. 26 ff., 37.

2. Die Legitimität der demokratischen Verfassung

träfe und das theoretische Problem erfaßte, wäre sie im Sinne des *Kant*ischen Satzes über die menschliche Willensfreiheit als inhuman unannehmbar[274].

Es war der Begründer der Anerkennungstheorie, *Bierling* selber, der in seinem ursprünglichen Bemühen um den Nachweis der Rechtsqualität des staatlich nicht garantierten und sanktionierten Rechts in erhellender Weise von „Geltungsbewährung" gesprochen und gemeint hat, „freiwillige Befolgung" sei allemal deren beste Erscheinungsform[275]. Nur: In der konstitutionellen Demokratie, in der die Konsensbedürftigkeit der Rechtsordnung nicht nur quantitativ in dem Maße wächst, in dem die Vorstellung eines präexistenten, souveränen und je schon legitimen einheitlichen Willens als Quelle allen Rechts verblaßt und zugleich die Verantwortung des Staates wächst, ist freiwillige Befolgung im Sinne aktiver Teilnahme und Ausgestaltung nicht die beste, sondern die einzig mögliche Weise, in der die Geltung der Verfassung sich bewährt. An die Stelle verfassungstranszendenter Legitimität tritt Legitimität aus dem Prozeß der Identifikationen kraft Inanspruchnahme rechtlich garantierter Beteiligungsfreiheit[276], tritt der Vorgang verfassungsimmanenter *Legitimation*: ein „Prozeß ständiger Erneuerung staatlicher Legitimität ... durch ... Mitwirkung"[277], durch eine allemal repräsentative Mitwirkung freilich, weil die beständige Teilnahme aller an allem nur undemokratische Immobilität bedeutete[278].

---

[274] Wenn *Matz* (Politik und Gewalt, S. 130) weiterhin die Schlußfolgerung zieht, auf menschlichen Willen zurückgeführt habe „die Kategorie des Rechts die Kraft verloren ..., die Kategorie der Politik zu bestimmen", so wird man sich zwangsläufig überlegen, welche Art von Recht denn ehedem die Kategorie der Politik wirklich bestimmt hat. Solche historisch-konkrete Überlegung kann zu dem Urteil führen, daß Matz insofern in gewissem Umfang zum Glück Recht hat. Die Anerkennung der Menschenwürde als eines unantastbaren Bestandteils des *christlichen* Menschenbildes haben jedenfalls erst die mathematisierenden Vernunftrechtler der Moderne und nicht deren orthodox-theologischen Gegner durchgesetzt.

[275] *Bierling*, Kritik der jurist. Grundbegriffe I, S. 145 ff. (150): „Die beste Geltungsbewährung ist ... immer die freiwillige Befolgung; durch sie wird im letzten Grunde jede andere Geltungsbewährung, jede Anwendung von Zwang, Strafe, Exekution in der Gemeinschaft überhaupt erst möglich."

[276] Sehr mit Recht bestimmt *Lübbe* in seiner Analyse der Protestwelle der Jugend (Legitimitätsschwäche und Jugendbewegung, a.a.O. — N. 252 — S. 1007) den Begriff der Legitimitätskrise daher als Krise der Motivation, sich mit der gegebenen Ordnung zu identifizieren, und insofern als „eine Krise der Identität des Systems selbst".

[277] *Walter Schmidt*: Organisierte Einwirkung auf die Verwaltung — Zur Lage der zweiten Gewalt, VVDStRL 33 (1975) S. 183 - 220 (214). Siehe auch *John H. Herz*: Rückblick auf den Territorialstaat (1968), in *ders.*: Staatenwelt und Weltpolitik — Aufsätze zur internationalen Politik im Nuklearzeitalter, Hamburg 1974, S. 123 - 142 (132 f.); *ders.*: Gedanken über Legitimität, Gewalt und die Zukunft des Staates (1973), ebd. S. 183 - 197 (188).

[278] *Ralf Dahrendorf*: Die neue Freiheit — Überleben und Gerechtigkeit in einer veränderten Welt, München/Zürich 1975, S. 81.

VI. Ausblick

Es ist nicht möglich zu schließen, ohne wenigstens andeutungsweise noch über die Probleme zu sprechen, die sich einer solchen, Legitimitätslehre und Rechtsgeltungsphilosophie in sich aufnehmenden Verfassungstheorie im Hinblick auf gewisse Entwicklungen heute stellen. Auf zwei Punkte wenigstens soll abschließend und ausblicksweise hingewiesen werden: nämlich auf die Probleme der Legitimitätsvermittlung durch Gesetz und speziell auf gewisse Zweifel an der Kraft der Mehrheitsentscheidung als eines Legitimationsfaktors, wobei die gleichfalls naheliegenden Fragen, welche sich heute aus dem Umstand ergeben, daß verfassungsstaatliche Legitimität, wie dargelegt, im wesentlichen noch immer nationalstaatliche Legitimität ist, übergangen werden müssen[279].

1. Legitimitätsvermittlung durch Gesetz

Daß in dem skizzierten Legitimationsmodell des demokratischen Verfassungsstaates der Grundsatz der Gesetzmäßigkeit aller administrativen und gerichtlichen Entscheidungen in Gestalt des Vorrangs des Gesetzes sowohl wie in der des Vorbehalts des Gesetzes[280] eine zentrale

---

[279] Dazu kritisch *Werner von Simson:* Zur Theorie der Legitimität, Festschr. f. Karl Loewenstein, Tübingen 1971, S. 459 - 473 (468 ff.); *Badura,* Verfassung und Verfassungsgesetz, a.a.O. (N. 174) S. 38 f. Man bedenke andererseits jedoch auch die von *Herz* (a.a.O. — N. 277 — S. 131 u. 191 ff.) hervorgehobenen Momente neuer Nationalstaatlichkeit.

[280] Zu Vorrang und Vorbehalt des Gesetzes als den beiden Elementen des Gesetzmäßigkeitsgrundsatzes im allgemeinen und überblicksweise *Maunz / Dürig* in: *Maunz / Dürig / Herzog:* Grundgesetz-Kommentar, München, Stand der 14. Lieferung 1976, Rdnrn. 127 ff. zu Art. 20; eindringlicher insbes. zum Vorbehalt des Gesetzes *Dietrich Jesch:* Gesetz und Verwaltung — Eine Problemstudie zum Wandel des Gesetzmäßigkeitsprinzips, Tübingen 1961, S. 29 ff., 134 ff. — Was die hier speziell interessierende *demokratische* Bedeutung des Gesetzmäßigkeitsprinzips betrifft, so übersteigt deren ratio den polemischen Sinn, welchen dieser Grundsatz in der historischen Ausgangslage im Kampf gegen die von der Volksvertretung unabhängige monarchische Regierung des deutschen konstitutionellen Systems (dazu *Jesch* a.a.O. S. 76 ff., 108 ff., 117 ff.) ursprünglich hatte. Zur demokratischen Bedeutung des Gesetzesvorbehalts heute *Walter Schmidt:* Gesetzesvollziehung durch Rechtsetzung — Untersuchungen zu den Verwaltungsvorschriften und zur „Selbstbindung der Verwaltung" (Gießener Beitr. z. Rechtswiss. 1), Bad Homburg v. d. H./Berlin/Zürich 1969, S. 22, 32 f.; *Hans-Jürgen Papier:* Die finanzrechtlichen Gesetzesvorbehalte und das grundgesetzliche Demokratieprinzip — Zugleich ein Beitrag zur Lehre von den Rechtsformen der Grundrechtseingriffe, Berlin 1973, S. 32 ff. Siehe auch BVerfGE 33, 125 ff. (158), und ferner die Nachweise in N. 282.

1. Legitimitätsvermittlung durch Gesetz

Rolle spielt, liegt auf der Hand. Steht der Gesetzgeber „als *das* rechtsgestaltende Organ im Staate"[281] mit seinen Entscheidungen in diesem System der verfassungsrechtlichen Legitimationsgrundlage, und d. h. letztlich: der Vermutung historisch-konkreter allgemeiner Konsensfähigkeit, doch wesentlich näher als Rechtsprechung und Verwaltung, und zwar aus folgenden vier Gründen: wegen der demokratischen Legitimation durch Volkswahlen[282] und der prinzipiellen demokratischen Offenheit des Gesetzgebungsverfahrens[283]; wegen der ein größeres Maß an Durchsichtigkeit und außerdem Gleichbehandlung verbürgenden höheren Abstraktheit des (allgemeinen) Gesetzes[284]; und schließlich wegen der legislativen Reproduktion der Rechtseinheit der Verfassungsgemeinschaft[285].

„Der verfassungsrechtlich wie politisch ausschlaggebende Vorgang der normativen Rechtsetzung ist im demokratischen Verfassungsstaat des Grundgesetzes die *parlamentarische Gesetzgebung*. Sie ist die einzige Form der Rechtsetzung, die ohne besondere Ermächtigung, wenn auch gebunden an die Verfassung, die aus dem politischen Prozeß hervorgehenden Entscheidungen mit normativer Geltung ausstatten kann. In der maßgeblichen

---

[281] So *Ernst-Werner Fuß*: Gleichheitssatz und Richtermacht, JZ 1959, S. 329 - 339 (331), der ebd. mit Recht die qualitative Differenz zwischen der Verfassungsbindung des Gesetzgebers und der Gesetzesbindung der rechtsanwendenden Organe hervorhebt. Vgl. dazu auch *Adolf Arndt*: Gesetzesrecht und Richterrecht, NJW 1963, S. 1273 - 1280.

[282] Vgl. *Hans Peter Ipsen*: Enteignung und Sozialisierung, VVDStRL 10 (1952) S. 74 - 123 (75); *Rolf Birk*: Die Ankündigung von Rechtsprechungsänderungen, JZ 1974, S. 735 - 743 (742). Dazu *Martin Kriele*: Das demokratische Prinzip im Grundgesetz, VVDStRL 29 (1971) S. 46 - 84 (64, 82); *Peter Badura*: Über Wahlen, AöR 97 (1972) S. 1 - 11. Empirisch-kritische Bemerkungen hierzu bei *Ekkehart Krippendorf*: Legitimität als Problem der Politikwissenschaft, Zeitschr. f. Politik NF 9 (1962) S. 1 - 11.

[283] Vgl. N. 203.

[284] Dazu oben N. 156 und *Alexander Hollerbach*: Diskussionsbeitrag, VVDStRL 24 (1966) S. 232 - 234.

[285] Der parlamentarische Gesetzgeber ist also keineswegs nur durch die unmittelbare *personelle* demokratische Legitimation vor den anderen Gewalten verfassungsrechtlich herausgehoben. So aber — im Anschluß an *Hans Peters* und speziell an *Ernst-Wolfgang Böckenförde*: Die Organisationsgewalt im Bereich der Regierung (Schriften z. öffentl. Recht 18), Berlin 1969, S. 79 ff. — *Ossenbühl*, Verwaltungsvorschriften und Grundgesetz, S. 129. Die ebd. zudem aufgestellte Behauptung, „wichtiger" als die personelle sei die für alle Gewalten gleiche institutionelle und funktionelle demokratische Legitimation (das soll heißen: wichtiger als die besondere Legitimation des Gesetzgebers durch die Volkswahl sei der Gesichtspunkt, daß alle drei Gewalten in gleicher Weise durch dieselbe demokratische Verfassung eingerichtet und mit ihren Aufgaben versehen seien), vernachlässigt den Umstand, daß Verwaltung und Justiz von der Verfassung keineswegs in demselben Maße durchgebildet sind wie die Gesetzgebung, und reduziert die demokratische Legitimität sehr entschieden zu einem verfassungstranszendenten Prinzip, zu einer verfassungsrechtlich belanglosen ideologischen Kategorie. Vgl. dazu oben nach N. 158. Zudem fällt bei dieser formalistischen Betrachtungsweise die Kernfrage unter den Tisch: die Frage nämlich nach der *inhaltlichen* Verbindlichkeit der staatlichen Entscheidungen.

Funktion der parlamentarischen Gesetzgebung und in dem Geltungsvorrang des Gesetzes zeigen sich die Verwirklichung der Volkssouveränität, die Legitimation und Kontrolle des Legislativprozesses auf der Grundlage eines öffentlichen und rechtlich festgelegten Vorganges der politischen Meinungs- und Willensbildung sowie die Einheit der Rechtsgemeinschaft und Rechtsordnung[286]."

Freilich: ein *Totalvorbehalt* folgt aus dem demokratischen Vorrang des Gesetzes so wenig wie aus dessen rechtsstaatlicher Funktion[287]. Denn der parlamentarische Gesetzgeber hat kraft „demokratische(r) Legitimation zur politischen Leitentscheidung" wohl die Prärogative, aber nicht das Monopol der Rechtserzeugung[288]. Daneben bleibt im Einzelfall Raum und die Notwendigkeit zu unmittelbarem *komplementären* Rückgriff auf die Verfassung, auf die tragenden Wertungen, Haltungen und Überzeugungen der Legalordnung[289].

Doch müssen nach dem skizzierten Modell dort Legitimationsprobleme auftauchen, wo der parlamentarische Gesetzgeber jener Leitungsaufgabe nicht oder nicht hinlänglich gerecht wird, welche der demokratische Geltungsvorrang des Gesetzes impliziert. Und in der Tat sind in manchen Bereichen der Verwaltung und der Justiz deswegen Legitimationsdefizite zu beklagen, weil die Determinationskraft der gesetzlichen Regelungen gegenüber den richterlichen oder administrativen Vollzugsakten allzu sehr nachgelassen hat — im einzelnen aus sehr unterschiedlichen Gründen. Man denke — von den Fällen abgesehen, in denen sich gesetzgeberische Unentschiedenheit hinter unbestimmten

---

[286] *Badura*, Grenzen und Möglichkeiten des Richterrechts, a.a.O. (N. 197) S. 43.

[287] Eindringlich demonstriert dies — namentlich in Auseinandersetzung mit *Jesch* (N. 280) und unter Hinweis auf den Satz von *Georg Jellinek*, wonach „eine nur auf Grund von Gesetzen verfahrende Verwaltung ... nur in einem regierungslosen Staat zu finden (wäre)" — *Ossenbühl*, Verwaltungsvorschriften und Grundgesetz, S. 210 ff. Ebenso *Norbert Achterberg*: Probleme der Funktionenlehre (Münchener öffentl.-rechtliche Abhandlungen 5), München 1970, S. 204 ff.

[288] BVerfGE 34, 52 ff. (59): „Nur das Parlament besitzt die demokratische Legitimation zur politischen Leitentscheidung." Darüber, daß der Gesetzgeber nur die Prärogative, aber nicht das Monopol der Rechtserzeugung hat, schon *Oscar Adolf Germann*: Imperative und autonome Rechtsauffassung. Zeitschr. f. Schweizerisches Recht, NF XLVI (1927) S. 183 - 231, jetzt in *ders*.: Methodische Grundfragen (Problèmes de Methode) (Schweizer. Criminalist. Studien 1), Basel 1946, S. 23 - 53 (44 f.), und nun v. a. *Kriele*, Theorie der Rechtsgewinnung, passim. Ebenso *Papier*, Die finanzrechtlichen Gesetzesvorbehalte, S. 34 f.

[289] So erklärt *Ossenbühl* (Verwaltungsvorschriften und Grundgesetz, S. 193 f.) den zur Gesetzgebung subsidiär-komplementären unmittelbaren Verfassungsvollzug durch die Verwaltung, soweit punktuell, mit Recht für unbedenklich, wohl aber für problematisch, wo die Verwaltung Versäumnisse des Gesetzgebers nachzuholen versuche und ihre Aktionen „legislativähnlichen" Charakter annähmen. Kritisch zum unmittelbaren *richterlichen* Rückgriff auf die Verfassung *Badura*, Grenzen und Möglichkeiten des Richterrechts, a.a.O. (N. 197) S. 53 f.

1. Legitimitätsvermittlung durch Gesetz

Begriffen und Generalklauseln versteckt — zum einen beispielsweise an das weite Feld von Verwaltungsentscheidungen über konkurrierende Raumnutzungsansprüche, in dem der Gesetzgeber die Einzelfallentscheidung in seinen prospektiven planungsrechtlichen Bestimmungen nurmehr durch die Setzung von Richtmarken, durch Festlegung von Ermessensdirektiven und Vorgabe von Abwägungsgesichtspunkten, also nur noch *final*, aber nicht mehr durch die Verknüpfung bestimmter Tatbestände mit bestimmten Rechtsfolgen nach dem Wenn-Dann-Schema *konditional* vorprogrammieren kann[290] und deswegen hauptsächlich mehr oder weniger komplizierte Entscheidungs*verfahren* organisiert[291]. Zu erinnern ist des weiteren an den Bereich des Steuerrechts, wo das in der Notwendigkeit massenhafter Produktion von Verwaltungsakten und der daraus folgenden Unvermeidbarkeit der Typisierung gründende Bedürfnis besonderer Praktikabilität der Entscheidungsrichtlinien durch das Gesetz selbst häufig nicht befriedigt werden kann[292]. Schließlich seien noch die vielen Fälle erwähnt, in denen die gesetzliche Regelung allzu lückenhaft, rein quantitativ unzureichend ist

---

[290] Dazu *Werner Hoppe:* Zur Struktur von Normen des Planungsrechts, DVBl. 89 (1974) S. 641 - 647 (643 f.), mit weiteren Nachw.; vgl. auch *Peter Badura:* Das Planungsermessen und die rechtsstaatliche Funktion des allgemeinen Verwaltungsrechts, in: Verfassung und Verfassungsrechtsprechung — Festschr. z. 25jährigen Bestehen des Bayer. Verfassungsgerichtshofs, München 1972, S. 157 - 182 (174, 178 f.). Sub specie des Legitimitätsproblems sehr instruktiv *Wolfgang Roters:* Kommunale Mitwirkung an höherstufigen Entscheidungsprozessen — zur künftigen Rolle der kommunalen Selbstverwaltung im politisch-administrativen System der Bundesrepublik Deutschland (Kommunalwiss. Schriften d. Dt. Landkreistages 3), Köln 1975, S. 48 f.

[291] Vgl. z. B. *aus dem Bundesrecht:* §§ 2, 4, 5, 8, 9 BBauG; §§ 20 ff. AbfG, §§ 13 ff. WaStrG; § 14 WHG; §§ 5 ff., 8 ff. StBFG; *aus dem Landesrecht:* §§ 2, 14 bad.württ. Landesplanungsgesetz; Art. 5 ff. bayer. LplG; Art. 35 ff. BayStrWG; Art. 58 BayWG; §§ 2, 4, 5, 9 hess. Landesplanungsgesetz, §§ 2, 19 ndrh-westf. LPlanG; §§ 6, 9, 18 rh.-pf. LPLG; §§ 2, 4, 5 Saarl. Landesplanungsgesetz; §§ 1, 7, 8 schlsw.-hol. Landesplanungsgesetz. — Siehe dazu auch *Dieter Suhr:* Zur Rationalität im Verwaltungsverfahrensrecht am Beispiel der Besetzung von Hochschullehrerstellen, DÖV 1975, S. 767 - 771 (769).

[292] Daß die Typisierung nach ihrer Intention jede Auslegungsfreiheit überschreitet und daß in der „Mediatisierung" des Gesetzes durch autonome Schemata der typisierenden Verwaltung das Gesetzmäßigkeitsprinzip sowohl in seiner demokratischen Dimension („... die typisierende Verwaltung ... tritt aus der demokratischen Legitimationskette heraus ...") wie — mangels Berechenbarkeit und Publizität jener Schematisierungen — auch in seiner rechtsstaatlichen Bedeutung verletzt, hat in aller Schärfe *Josef Isensee* herausgearbeitet: Die typisierende Verwaltung — Gesetzesvollzug im Massenverfahren am Beispiel der typisierenden Betrachtungsweise des Steuerrechts (Schriften z. Öffentl. Recht 288), Berlin 1976, S. 126 ff. Andererseits schaffe Typisierung, meint Isensee, in einem „Vollzugsnotstand" (S. 179) wenigstens das mögliche Maß an Legalität (S. 172 f.), also jene Annäherung an das verfassungsrechtlich Gebotene, von der das *BVerfG* im Saar-Urteil gesprochen hat. Auch sieht er die typisierende Verwaltung im Hinblick auf den Gesetzmäßigkeitsgrundsatz durch die Rechtsschutzgewährung gewiß zutreffend *rechtsstaatlich* entlastet (S. 186 f.). Das Defizit demokratischer Legitimation wird dadurch jedoch nicht verringert.

IV. Ausblick

— was zum Teil (aber nur zum Teil) in der partiellen politischen Entscheidungsunfähigkeit des Gesetzgebers seinen ebenso bekannten wie unerfreulichen Grund hat. Hier gerät infolge des Rechtsverweigerungsverbots nicht nur, aber doch besonders die Arbeitsgerichtsbarkeit und sie wieder besonders, aber keineswegs nur im Arbeitskampfrecht stets aufs neue in Gefahr, sich über die Auslegung und Konkretisierung des Rechts hinaus als — demokratisch nicht legitimierter — Ersatzgesetzgeber zu betätigen. Jedenfalls wird dies in der Kritik der Rechtsprechung des BAG nicht selten und gerade in jüngster Zeit wieder mit einleuchtenden Gründen moniert[293]. Dabei sind die Grenzen dieses Problemfeldes zu dem gewöhnlich unter dem Stichwort „Gesetz und Richter" laufenden allgemeinen Problem des durch die moderne Hermeneutik bewußt gemachten relativ sehr großen Spielraums *aller* Rechtsanwendung natürlich fließend[294]. Denn: „Immer steht im Mittelpunkt des Rechtsbindungsproblems die Grundfrage nach der *Legitimität* richterlicher Rechtsfindung überhaupt"[295].

Verfassungstheoretisch ist die Frage sonach die, ob und wie solche aus der qualitativen oder quantitativen Determinationsschwäche parlamentarischer Gesetzgebungsbeschlüsse folgenden Legitimationsmängel im Bereich der zweiten und dritten Gewalt auf andere Weise kompensiert werden können[296]. Dabei darf es sich von vornherein nicht darum handeln, der Verwaltung und der Justiz, soweit sie in ihrer Tätigkeit infolge der bei jeder Rechtsanwendung sich ergebenden, methodologisch bekannten Unsicherheiten und Spielräume, infolge gewisser Eigentümlichkeiten parlamentarischer Gesetzgebung oder wegen der Eigenart der Regelungsmaterie inhaltlich durch Gesetz nicht gebunden sind, eine der durch Gesetz vermittelten parlamentarischen Legitimität gleichrangige, mit dieser also konkurrierende und folglich gegen sie ausspielbare demokratische Legitimation zu vindizieren. Die Frage

---

[293] Vgl. *Wilhelm Reuß:* Das neue Arbeitskampfrecht, AuR 1971, S. 353 bis 363 (363); ders.: Tarifautonomie und Richterrecht, AuR 1972, S. 136 - 147 (144 f.); *Wilhelm Herrschel:* Gedanken zu Richterrecht und Tarifautonomie, AuR 1972, S. 129 - 135 (135); *Bernd Rüthers:* Gesetzanwendung oder Rechtspolitik? JZ 1974, S. 625 - 629; *Hans-Martin Pawlowski:* Ein neues Verfahren richterlicher Rechtsfortbildung. ZfA 1974, S. 405 - 440 (415, 421, 440); *Wolfgang Blomeyer:* Die Entwicklung des arbeitsrechtlichen Schrifttums im Jahre 1974, ZfA 1975, S. 243 - 341 (335); *Dietrich Bickel:* Anm. zum Urteil des BAG vom 19. 12. 1974, SAE 1976, S. 112 - 117 (117).

[294] Dazu oben NN. 196 und 197.

[295] *H.-P. Schneider,* Gesetzmäßigkeit der Rechtsprechung, a.a.O. (N. 197) S. 444.

[296] Eine Synopse dieser Probleme des Gesetzesvollzugs fehlt bislang. Die Diskussion kreist einerseits — zunächst hauptsächlich methodologisch, jüngst mehr verfassungsrechtlich und verfassungstheoretisch geführt — um das „Richterrecht", andererseits — mehr verwaltungswissenschaftlich orientiert — um die „Partizipation an Verwaltungsentscheidungen".

1. Legitimitätsvermittlung durch Gesetz

kann nur die nach einer die unaufgebbare und in ihrer normativen Kraft bei der methodologischen Mikroanalyse bisweilen wohl doch etwas unterschätzte Bindung an das Gesetz *ergänzenden* eigenständigen Rechtfertigung sein, welche sich im Rahmen des skizzierten Legitimitätsverständnisses des demokratischen Verfassungsstaates hält und also auch die Prärogative des Parlaments respektiert.

Im Hinblick darauf ist schon in der Praxis der Legitimitätsgewinnung aus dem unmittelbaren Durch- und Rückgriff auf Verfassungsrechtsprinzipien Vorsicht geboten. Auch geben die parlamentarische Kontrolle der weisungsbefugten, zur Ernennung und Beförderung der Rechtsanwender berechtigten Exekutivspitze[297] bzw. die Wahl der Bundesrichter nach Art. 95 Abs. 2 GG[298] an demokratischer Legitimation wenig und der Hinweis darauf, daß alle Gewalten in gleicher Weise durch das Grundgesetz eingerichtet und folglich alle auch demokratisch legitimiert seien[299], bei Licht besehen gar nichts her. Alle diese Gesichtspunkte taugen nicht zur inhaltlichen Begründung eines Urteils oder eines Verwaltungsakts: Kein Richter kann sich für die Verbindlichkeit seiner Entscheidung darauf berufen, daß er von einem Ausschuß gewählt sei, kein Verwaltungsbeamter hierfür auf die parlamentarische Verantwortlichkeit seines Ministers verweisen[300]. Bleibt zu überlegen, ob die erforderliche zusätzliche Legitimation sich aus den jeweils gewaltenspezifischen Realisationen der Gemeinwohlbindung ergeben, welche die gesetzesorientierte, aber weder mit der wissenschaftlichen Frage dogmatischer Richtigkeit noch mit dem methodologischen Problem der Urteilsfindung identische demokratische Konsensfähigkeit der Entscheidungen sichern, d. h.: ob jene zusätzliche Legitimation vielleicht vornehmlich aus den jeweiligen institutionalisierten Verfahrensweisen ge-

---

[297] Dazu *Friedrich Kübler:* Amt und Stellung des Richters in der Gesellschaft von morgen, DRiZ 47 (1969) S. 379 - 389 (383).

[298] Eine Art demokratische Legitimation sieht darin *Franz-Jürgen Säcker:* Zur demokratischen Legitimation des Richter- und Gewohnheitsrechts, ZRP 1971, S. 145 - 150 (149 f.). Vgl. auch *Ernst Friesenhahn:* Der Richter in unserer Zeit, DRiZ 47 (1969) S. 169 - 178 (173); *Hans Hugo Klein:* Richterrecht und Gesetzesrecht, DRiZ 50 (1972) S. 333 - 338 (338). Eindringliche Kritik bei *J. Ipsen,* Richterrecht und Verfassung, S. 199 ff. Darüber, daß die Verwaltungsgerichtsbarkeit nicht durch die ehrenamtlichen Verwaltungsrichter demokratisch legitimiert wird *Jörg Rüggeberg:* Zur Funktion der ehrenamtlichen Richter in den öffentlich-rechtlichen Gerichtsbarkeiten, VerwArch. 61 (1970) S. 189 - 218 (204 f.).

[299] Vgl. N. 285.

[300] Dazu *Gerd Roellecke:* Die Bindung des Richters an Gesetz und Verfassung, VVDStRL 34 (1976) S. 7 - 42 (29 ff., 41 f.); *ders.:* Diskussionsbeitrag, ebd. S. 109. Vgl. ferner *Kurt Eichenberger:* Die richterliche Unabhängigkeit als staatsrechtliches Problem (Abh. z. schweizerisch. Recht NF 341), Bern 1960, S. 106; *Dieter Lorenz:* Der Rechtsschutz des Bürgers und die Rechtsweggarantie (Münchener Universitätsschriften — Reihe der Jurist. Fak. 23), München 1973, S. 186 f.

wonnen wird[301]. Für die Gerichtsbarkeit ist daran zu denken, daß es die vom rechtsstaatlichen Verfahren getragene und bestimmte, methodisch angeleitete und an juristische Argumentation gebundene, folglich allemal begründungspflichtige[302] Verwirklichung der dem Richter aufgegebenen Gerechtigkeit der Einzelfallentscheidung ist, welche die Bindung an das Gesetz ergänzt[303], und zwar notwendigerweise[304]. Daß die Entscheidungsregeln richterlichen Urteilens also nicht alle gesetzlich formuliert oder auch nur formulierbar sind, besagt andererseits aber weder, daß nicht in einer in gewissem Umfang berechenbaren Weise nach Regeln entschieden wird, noch, daß das Gesetz — bei aller dogmatischen Verarbeitung — kein Steuerungsmittel sei. Denn alle außergesetzlichen Entscheidungsgesichtspunkte sind nicht für sich frei schwebend wirksam, sondern nur in bezug auf das Gesetz und seine Anwendung. Wenn das Urteil aus dem Gesetz nicht einfach ableitbar ist, so ist der Richter deswegen nicht schlechthin frei. Vielmehr muß er allemal vom Gesetz ausgehen und auf eine seiner Rechtsfolgeanordnungen zurückkommen. Und dies ist — wiewohl methodologisch ausfüllungsbedürftig — legitimitätstheoretisch ausreichend[305]. „Die Bindung des Richters an dieses

---

[301] Daß damit mehr und anderes gemeint ist als bloß die Absorption von Protest, welche *Luhmann* unter dem Gesichtspunkt der Legitimation durch Verfahren begreift (vgl. oben N. 79), muß wohl nicht betont werden. Vgl. dazu auch *Suhr*, Rationalität im Verwaltungsverfahrensrecht, a.a.O. (N. 291). Skeptisch bezüglich der gegebenen verwaltungsprozessualen Rechtslage mit bemerkenswerten Überlegungen *Heiko Faber:* Die Verbandsklage im Verwaltungsprozeß, Baden-Baden 1972, S. 60 ff.

[302] Über die richterliche Begründungspflicht als Folge der Gesetzesabhängigkeit *Jürgen Brüggemann:* Die richterliche Begründungspflicht — Verfassungsrechtliche Mindestanforderungen an die Begründung gerichtlicher Entscheidungen (Schriften zur Rechtstheorie 25), Berlin 1971, S. 127 ff., 133 ff. Vgl. ferner noch *Fridel Eckhold-Schmidt:* Legitimation durch Begründung — Eine erkenntniskritische Analyse der Drittwirkungskontroverse (Schriften z. Rechtstheorie 36), Berlin 1974, S. 19 ff.

[303] Durch die Bindung an das „Recht", wie es Art. 20 Abs. 3 GG („die vollziehende Gewalt und die Rechtsprechung sind an Gesetz und Recht gebunden") ausdrückt. Hierzu *Werner Maihofer:* Die Bindung des Richters an Gesetz und Recht (Art. 20 III GG), in: Annales Universitatis Saraviensis, Rechts- und Wirtschaftswissenschaften, Bd. VIII (1960) Fasc. 1/2, S. 5 - 32 (10 ff.). Folglich gibt auch die Einrichtung des Laienrichters, der gerade deswegen Richter ist, weil er das Gesetz *nicht* kennt, der aber wohl Kenntnis von den grundsätzlichen Wertungen des Normensystems hat (*Borucka-Arctowa*, Die gesellschaftliche Wirkung des Rechts, S. 86), keinen Einwand gegen die primäre Legitimation der richterlichen Entscheidung aus dem Gesetz her. Dazu auch *Eichenberger*, Die richterliche Unabhängigkeit als staatsrechtliches Problem, S. 107 ff.

[304] Vgl. dazu *Walter Sax:* Das strafrechtliche Analogieverbot — Eine methodologische Untersuchung über die Grenze der Auslegung im geltenden deutschen Strafrecht, Göttingen 1953, S. 88; *Badura*, Grenzen und Möglichkeiten des Richterrechts, a.a.O. (N. 197) S. 42 f., 51, 55; und jetzt *J. Ipsen*, Richterrecht und Verfassung, passim, sowie *Roellecke*, Die Bindung des Richters an Gesetz und Verfassung, a.a.O. (N. 300) S. 32 ff., 42.

[305] Ähnlich wohl *Papier*, Die finanzrechtlichen Gesetzesvorbehalte, S. 176 f., *Jørgensen*, Recht und Gesellschaft, S. 55 f., und bes. *Roellecke*, Die Bindung

Regelungsmodell wird dadurch nicht aufgehoben, daß die ‚fertige Norm' von ihm selbst hergestellt wird[306]."

Im Zusammenhang der Methodenlehre läßt sich diese Art von richterlicher Gesetzesabhängigkeit als Bindung bloß an Sinn und Zweck des Gesetzes bestimmen[307]. Denn Rechtskonkretisierung durch Interpretation und Vermittlung ist ja keine Operation an der sprachlichen Form der Rechtsvorschrift als einem isolierten Objekt, weil Sprache überhaupt Medium des Verstehens und nicht dessen Gegenstand ist. Unbeschadet ihrer Sonderstellung gegenüber subjektiven Konkretisierungsmomenten kraft ihrer Sinn-Allgemeinheit und gegenüber anderen versprachlichten Konkretisierungsmomenten wie Auslegungsregeln, Präjudizien, dogmatischen Traditionen, allgemeinen Grundsätzen und Wertungen vermöge ihrer Präponderanz als unumgänglicher Anknüpfungspunkt ist die Sprachform der Rechtsvorschrift eben allemal eingebunden in einen umfassenderen Sinnzusammenhang. Ist der Gesetzeswortlaut aber Ausgangspunkt des Verfahrens der Gesetzesinhaltsbestimmung, kann er sonach „nicht zugleich inhaltlich der Endpunkt dieses Verfahrens sein"[308].

Für den Bereich der Exekutive steht unter dem angedeuteten Aspekt eine Neubewertung des traditionell vernachlässigten und in der Rechtsprechung der Verwaltungsgerichte nicht eben hoch veranschlagten Verwaltungsverfahrensrechts[309] an und dort, wo die Verwaltung vom Gesetzgeber nicht vorprogrammiert ist (und nach der Art der Aufgabe nicht sein kann), insbesondere die Frage zusätzlicher demokratischer Legitimation von Verwaltungsentscheidungen durch die verfahrensrechtlich geordnete oder zu ordnende Mitwirkung organisierter und nichtorganisierter Interessenten[310]. Hingegen kann der Gesichtspunkt demokratischer Legitimation durch parlamentarische Einwirkung und Kontrolle wie durch das Prinzip verantwortlicher, parlamentsabhängiger Regierung und durch das Budgetrecht des Parlaments eine

---

des Richters, a.a.O. (N. 300), samt der Bemerkung ebd. S. 105. Einen unauflösbaren Rest der Antinomie von Rechtsstaat und Demokratie sieht *Eichenberger* a.a.O. (N. 300) S. 112 ff. im Widerstreit zwischen richterlicher Unabhängigkeit und Demokratie.

[306] *Esser*, Vorverständnis und Methodenwahl in der Rechtsfindung, S. 194.

[307] Dazu *Ebsen*, Gesetzesbindung und „Richtigkeit" der Entscheidung, 31 ff.

[308] *Sax*, Das strafrechtliche Analogieverbot, S. 80.

[309] Vgl. dazu *Ferdinand O. Kopp*: Verfassungsrecht und Verwaltungsverfahrensrecht — Eine Untersuchung über die verfassungsrechtlichen Voraussetzungen des Verwaltungsverfahrens in der Bundesrepublik, München 1971.

[310] Hierzu vorzüglich das Referat von *W. Schmidt* auf der Bielefelder Staatsrechtslehrertagung, a.a.O. (N. 277) bes. S. 210 ff. Vgl. ferner *Robert Walter*: Partizipation an Verwaltungsentscheidungen, VVDStRL 31 (1973) S. 147 - 178 (156 ff.). Dezidiert *gegen* den Gedanken der Legitimation durch Partizipation *Walter Schmitt Glaeser*: Partizipation an Verwaltungsentscheidungen, ebd. S. 179 - 265 (214 ff.). — Daß die „Betroffenendemokratie" so zwar nicht „zur einzig möglichen", immerhin aber zu einer zusätzlichen „exekutiv immanenten Legitimation entscheidender Bereiche der Verwaltung (wird)", ist also nicht einfach das Ergebnis des Emanzipationsstrebens einer politisierten Verwaltung. Dies zu *Helmut Lecheler*: Verwaltung als „Außerparlamentarische Gewalt", DÖV 1974, S. 441 - 445 (442).

IV. Ausblick

entsprechende Rolle nur dort spielen, wo die Frage der Verbindlichkeit der Entscheidung sich nicht in derselben Schärfe stellt wie bei der Eingriffsverwaltung, kommt also nur für den Bereich administrativer Lenkung und Leistung in Betracht[311]. Ob und wie über all das hinaus bezüglich der mit der sehr besonderen Situation des Arbeitsrechts[312] zusammenhängenden Grundsatzrechtsprechung des BAG auch jene Art von Kondominium hierher gehört, zu dem sich der Staat und die Sozialpartner nach den Worten *Werner Webers* in dieser Gerichtsbarkeit vereinigt haben[313], mag dahinstehen.

Der verfassungsstaatliche Satz, daß Legitimität der Rechtserzeugung normative Rechtsgeltung verbürgt, ist freilich noch in anderer und allgemeinerer Weise als von derartigen Rechtsvollzugs- und -konkretisierungsproblemen her gefährdet: Nach der Logik materialen Verfassungsverständnisses ist Gesetzgebung in erheblichem Umfang stets und notwendig Verfassungsvollzug i. S. einer Verfassungsverwirklichung, und zwar nicht nur Vollzug bestimmter einzelner Verfassungsaufträge wie in Art. 6 Abs. 5 GG[314], sondern Aktualisierung, Konkretisierung und Ausbau dessen, was den Verfassungskonsens und damit die Legitimitätsgrundlage ausmacht — man denke nur an das Sozialstaatsprinzip[315] (wobei zugleich die Notwendigkeit eines spezifisch sozialstaatlichen Gesetzesbegriffs aufscheint[316]). Und weil das so ist, steht der Gesetzgeber immer in Gefahr, durch Provokation von Rückwirkungen auf die Grundlage seines Handelns selbst Legitimitäts- und Rechtsgeltungsprobleme zu produzieren, nämlich dadurch, daß er einerseits die an die Verfassung geknüpfte Erwartung sozialer Sicherheit sowie Entfal-

---

[311] Anders aber wohl *Papier*, Die finanzrechtlichen Gesetzesvorbehalte, S. 34.

[312] Vgl. *Klaus Adomeit*: Rechtsquellenfragen im Arbeitsrecht (Schriften d. Inst. f. Wirtschaftsrecht a. d. Univ. Köln 26), München 1969.

[313] *Werner Weber*: Die Einheit der rechtsprechenden Gewalt, in *ders.*: Spannungen und Kräfte im westdeutschen Verfassungssystem, 3. Aufl., Berlin 1970, S. 101 - 120 (110).

[314] Vgl. dazu *Erhard Denninger*: Verfassungsauftrag und gesetzgebende Gewalt, JZ 1966, S. 767 - 772; *Ekkehard Wienholtz*: Normative Verfassung und Gesetzgebung — Die Verwirklichung von Gesetzgebungsaufträgen des Bonner Grundgesetzes, Freiburg i. Br. 1968.

[315] Dazu schon oben unter III 1 am Ende. — Dies anerkennen, kann und darf natürlich nicht heißen, das GG mit irgendeinem Parteiprogramm der Reformen zu identifizieren. Dazu grundsätzlich *Klaus Schlaich*: Neutralität als verfassungsrechtliches Prinzip vornehmlich im Kulturverfassungs- und Staatskirchenrecht, Tübingen 1972. Oder andersherum formuliert: Nicht jede an die Verfassung geknüpfte Erwartung einer konkreten Verbesserung ist deswegen schon ein Verfassungsauftrag. Das ist *Herbert Krüger* (Verfassungsvoraussetzungen und Verfassungserwartungen, Festschr. f. U. Scheuner, Berlin 1973, S. 285 - 306 [306]) ohne weiteres zuzugeben — nur ist das Problem damit nicht erledigt.

[316] Dazu *Scheuner*, Gesetzgebung und Politik, a.a.O. (N. 58) S. 903 ff.

tungs- und Teilnahmeerwartungen durch Unterlassungen enttäuscht und daß er andererseits bei den erwarteten Sozialgestaltungen sich allzu weit von bestimmten anderen Voraussetzungen des Verfassungskonsenses entfernt[317].

2. Mehrheitsentscheidung und Konsensprinzip

Ganz zum Schluß nun noch ein Wort zu den angedeuteten Zweifeln an der Legitimationskraft der Mehrheitsentscheidung[318].

Erweist das *Arrow*sche Theorem, wonach die individuellen Wertungen sich nicht zu einer konsistenten allgemeinen Präferenzordnung addieren lassen[319], die der frühkonstitutionellen Parlamentsideologie Frankreichs entstammende und in der jüngsten Vergangenheit erneuerte — tendenziell anarchische — Vorstellung von der Auflösbarkeit aller Konflikte in einer herrschaftsfreien Diskussion[320] als eine Illusion, so sind Entscheidungen, kontroverse politische Entscheidungen unumgänglich. Und in der Demokratie heißt das, daß die Mehrheit entscheidet — sowohl auf der Ebene der Volkswahlen und Plebiszite wie auf derjenigen der parlamentarischen Repräsentation, wiewohl die Technik der Mehrheitsentscheidung als solche keine genuin demokratische Erscheinung ist[321]. Die demokratische Entscheidung mit einfacher Mehrheit rechtfertigt sich nicht und gewinnt ihre Verbindlichkeit weder aus irgendwelchen juristisch-fiktiven, politisch-qualitativen oder kommunikationstheoretisch-approximativen Identifikationen des größeren Teils mit dem Ganzen[322], noch aus dem deutschrechtlichen Gedanken einer

---

[317] Vgl. *Dieter Grosser:* Demokratietheorie in der Sackgasse? Festschrift f. Hans Ulrich Scupin, Berlin 1973, S. 107 - 119 (108 f.).

[318] Für rechtsgeschichtlich wie verfassungspolitisch anregende Gespräche über diesen Punkt ist der Verf. *Senator Prof. Dr. Johannes Herrmann,* Erlangen, zu Dank verpflichtet.
Zum Mehrheitsprinzip jetzt maßgeblich *Ulrich Scheuner:* Das Mehrheitsprinzip in der Demokratie (Rheinland-Westf. Ak. d. Wiss. — Geisteswiss. — Vorträge G 191), Opladen 1973; siehe auch die Diss. von *Elias Berg:* Democracy and the Majority Principle — A Study in Twelve Contemporary Political Theories (Studier i Politik 3), Göteborg 1965.

[319] Vgl. *Kenneth J. Arrow:* Social Choice and Individual Values (Cowles Foundation — Monograph 12), 2. Aufl., New York/London/Sydney 1963. Dazu *Podlech,* Gehalt und Funktionen des allgemeinen verfassungsrechtlichen Gleichheitssatzes, S. 204 ff., 274 ff.

[320] Zum geschichtlichen Hintergrund *Hofmann,* Repräsentation, S. 440 ff.

[321] Über die elementare Bedeutung der Mehrheitsentscheidung für die Korporationsbildung (z. B. bei Ausbildung des Kurfürstenkollegiums) *Hofmann,* Repräsentation, S. 219 ff., 224 ff. In diesem Sinn hat schon *Hugo Grotius* den Mehrheitsgrundsatz als Lebensprinzip aller Gemeinschaften behandelt: De iure belli ac pacis (1625), lib. II c. 5 §§ 17 - 25. Zur vordemokratischen Tradition umfassend *Scheuner,* Das Mehrheitsprinzip, S. 13 ff.

[322] Gemeint sind die formale römischrechtliche (*Dig.* 50, 1, 19 [Scaevola]; *Dig.* 50, 17, 160, 1 [Ulpian]), über die mittelalterliche Korporationslehre nachwirkende Technik, ferner alle auf *Rousseau* zurückgehenden oder sich be-

Folge- oder Unterwerfungspflicht der Minderheit[323]. Auch streitet für die Mehrheit keine Vermutung größerer Weisheit. Der kanonische Gedanke der *maior et sanior pars* ist an die Möglichkeit hierarchischer Kontrolle der *sanioritas* gebunden; ihr Fehlen führt zum Prinzip der qualifizierten Mehrheitsentscheidung, nicht zu dem der einfachen Majorität[324]. Nein — der Grundsatz der einfachen Mehrheitsentscheidung findet im Kontext des demokratischen Verfassungsstaates seine Rechtfertigung allein in seinem prozeduralen Aspekt[325], in der Dimension der Zeit, insofern es ein offenes Verfahren der Willensbildung konstituiert[326], in dem *rechtlich* für jeden die gleiche Möglichkeit besteht, sich und seine Vorstellungen durchzusetzen, und für alle stets eine Alternative bleibt[327]. Die Verbindlichkeit der Mehrheitsentscheidung folgt aus der Einsicht des Unterlegenen, daß deren Anerkennung Bedingung der Möglichkeit eigener Durchsetzung und so letztlich Bedingung der Möglichkeit der Entscheidungskorrektur ist. Und die obsiegende Mehrheit anerkennt mit der Grundlage ihres Erfolges zugleich die Opposition als die mögliche Mehrheit von morgen — immer unter der Voraussetzung freilich, daß die Mehrheitsbildung nicht durch Faktoren bestimmt wird, die sich willkürlicher Beeinflussung entziehen[328]. Mehrheitsentscheidungen sind also keine Entscheidungen aus dem Vollbesitz der Wahrheit, sondern Entscheidungen, die sich bewähren

---

rufenden Ideologien demokratischer Identität von Herrschenden und Beherrschten sowie auch das fiktive, Interessengleichheit aller Menschen unterstellende *Habermas*sche Modell rein kommunikativen Handelns (Nachweise in N. 78), in dem die Mehrheitsentscheidung als Ersatz für den zwanglosen Konsens erscheint, der sich einstellen würde, hätte man Zeit, die Probleme auszudiskutieren. Indessen ist die Mehrheitsentscheidung (normalerweise) eben kein taugliches Verfahren, aus Autonomie Allgemeinverbindlichkeit zu ziehen. Vgl. dazu *Podlech*, Wertentscheidung und Konsens, in: Rechtsgeltung und Konsens (N. 45), S. 15 ff.

[323] Vgl. *Otto von Gierke*: Das deutsche Genossenschaftsrecht, 2. Bd., Nachdr. Graz 1954, S. 51 f., 475 ff.; *Heinrich Mitteis*: Die deutsche Königswahl — Ihre Rechtsgrundlagen bis zur Goldenen Bulle, Darmstadt 1965 (Nachdr. d. 2. Aufl., Brünn/München/Wien 1944), S. 227, 231.

[324] *Hofmann*, Repräsentation, S. 223.

[325] Dazu *Ferdinand A. Hermens*: Verfassungslehre (Kölner Schriften zur Polit. Wiss. 1), Frankfurt a. M. — Bonn 1964, S. 215 ff.; *v. Hayek*, Die Verfassung der Freiheit, S. 125 ff.; auch *Luhmann*, Legitimation durch Verfahren, S. 196 ff.

[326] Vgl. *Heinz Josef Varain*: Die Bedeutung des Mehrheitsprinzips im Rahmen unserer politischen Ordnung, Zeitschr. f. Politik NF 11 (1964) S. 239 bis 250.

[327] Zu diesem Aspekt der Offenhaltung von Alternativen — entsprechend auch in der Verfassungstheorie — *Häberle*, Verfassungstheorie ohne Naturrecht, a.a.O. (N. 239) S. 458 ff., 461 ff.

[328] *Spaemann*, Moral und Gewalt, a.a.O. (N. 250), S. 237.

2. Mehrheitsentscheidung und Konsensprinzip

müssen, die allemal der Revision unterliegen[329] und die deshalb an den Grundsätzen des Minderheiten- und Alternativenschutzes (welche die Mehrheitsentscheidung zu dem am wenigsten risikoreichen Weg zum Richtigen machen) ganz folgerichtig ihre Grenzen finden. Das Mehrheitsprinzip entspricht so dem auf Veränderung, auf Progreß drängenden Prinzip der Demokratie. Insofern trifft das alte logische Argument des spanischen Scholastikers *Franciscus de Vitoria* für die Mehrheitsentscheidung, wonach das Erfordernis der Einstimmigkeit die Minderheit durch ein Vetorecht privilegieren würde, schon etwas Wesentliches[330].

Genau dies ist nämlich der Punkt, an dem sich die Gefahr zeigt, welche dem verfassungsstaatlichen Legitimationsfaktor der Mehrheitsentscheidung durch die pluralistische Gliederung der Gesellschaft droht, während die für das Funktionieren des parlamentarischen Regierungssystems unabdingbare Gruppenbildung innerhalb des Parlaments in Mehrheits- und Minderheitsfraktion(en) im Hinblick auf die periodischen Volkswahlen durchaus noch in die eben skizzierte Überlegung paßt. Die Gefahr liegt darin, daß die (quasi neofeudale) Gesellschaft der organisierten Interessenten in diesen ihren diversen Minderheitenorganisationen Loyalitäten aufbaut, die stärker sind als diejenige gegenüber einer Mehrheitsentscheidung. Folglich wächst die Neigung, vor den anstehenden Entscheidungen über die Grenzen der formell an der Entscheidung beteiligten Institutionen hinweg einen informellen Konsens der Gruppen auszuhandeln und droht zugleich die Gefahr, daß die sachgerechte Entscheidung durch einen allen Vetopositionen Rechnung tragenden Minimalkonsens ersetzt wird[331]. Die Gesetzgebung gewinnt (wieder) vertragliche Züge, einen gewissen „Einungscharakter"[332].

---

[329] Umgekehrt gilt: Wenn Beschlüsse sich ausdrücklich als alternative Mehrheitsentscheidungen darstellen, unterwerfen sie sich diesem Prozeß in aller Form. Darin liegt die grundsätzliche Bedeutung des § 30 Abs. 2 BVerfGG.

[330] Vgl. *Franciscus de Vitoria*: Relectio de potestate civili (1529) n. 14. In *meiner* Übers. in: Der Herrschaftsvertrag (N. 20), S. 90.

[331] Darüber, daß bei umfassenden Veränderungen die dezentralisierte pluralistische Ordnung als ein System von Vetopositionen funktioniert, und über den daraus sich ergebenden „Konservativismus aus strukturellen Gründen" *Scharpf*, Demokratietheorie, S. 50 f.

[332] Diese Kennzeichnung habe ich schon früher gebraucht: AöR 100 (1975) S. 348. Gewisse durch die föderale Struktur unseres Staates begünstigte „vertragsartige Elemente der heutigen Gesetzgebung" hebt jetzt *Scheuner* (Konsens und Pluralismus, a.a.O. — N. 45 — S. 65 f.) hervor unter Hinweis auf den wichtigen Aufsatz von *Luzius Wildhaber*: Vertrag und Gesetz — Konsensual- und Mehrheitsentscheid im schweizerischen Staatsrecht, Zeitschr. f. Schweizerisches Recht NF 94 (1975) S. 113 - 149. Wenn Scheuner ebd. S. 65 gleichwohl meint, der allgemeine Konsens aller Gruppen werde selten gesucht, und fragt (ebd. S. 41 N. 30), ob das Gesetz gegenwärtig noch die „Funktion der ausgleichenden Gerechtigkeit" erfülle und ob es nicht „zuweilen die Form (wird), in der im Ringen der Standpunkte eine Mehrheit die Veränderung gesellschaftlicher Situationen verwirklicht", so ist folgendes

Polyarchie reproduziert und stärkt das Prinzip notwendiger Zustimmung der Betroffenen auf Kosten der zu einseitigen Entscheidungen vorgängig ins Recht gesetzten Zentralgewalt[333]. Von daher ergibt sich eine gewisse strukturelle Entsprechung zwischen modernem Pluralismus und mittelalterlichem Korporatismus[334], den mit ihrer einseitigen Rechtsetzung zu überwinden — damit schließt sich der Kreis unserer Betrachtungen — einst der Anspruch der einen, souveränen und legitimen Staatsgewalt war.

---

zu bedenken: Verfassungsmäßige parlamentarische Mehrheitsentscheidungen sind das spezifisch demokratische Mittel, gesellschaftliche Veränderungen herbeizuführen. Und Demokratie drängt nun einmal auf Progreß. Indessen nehmen Zahl und Bedeutung solcher Mehrheitsentscheidungen zwangsläufig in dem Maße ab, in dem das politische System über die egalitären Wahlen hinaus zusätzliche Einflußchancen für organisierte Interessengruppen schafft, weil damit wegen ihrer leichteren Organisierbarkeit gerade Sonder- und Besitzinteressen Vetopositionen gewinnen (*Scharpf*, Demokratietheorie, S. 49). So ist es für unsere Situation vielleicht eher bezeichnend, daß die Gesetzesbeschlüsse des Bundestages meist mit überwältigender Mehrheit gefaßt werden, während die großen kontroversen Mehrheitsentscheidungen ohne verfassungsgerichtliche Approbation kaum noch Rechtsfrieden stiften. Wenn das *BVerfG* in seiner Funktion als *Verfassungsorgan* mitunter bemüht scheint, jene breitere Konsensbildung nachträglich zu bewirken (Grundvertragsurteil, Abtreibungsentscheidung), so ist das in dieser Perspektive nur folgerichtig. Auf der anderen Seite scheint die Renaissance des Mehrheitsprinzips in der neueren Theorie der Radikaldemokratie ein kennzeichnendes Symptom des Protestes; vgl. *Grosser*, Demokratietheorie, a.a.O. (N. 317) S. 115 ff.

[333] Dazu oben unter I 2 eingangs. Vgl. ferner die von *Scharpf* (Demokratietheorie, S. 50 f., 76 ff.) aufgestellte Korrelation: Gewicht der Wahlentscheidung, des Mehrheitsprinzips und der zentralen politischen Führung sowie relativ geringer Konsensbedarf für Innovationen im Modell des Zweiparteiensystems bei relativ hoher politischer Mobilität der Wählerschaft einerseits — Dezentralisation, Konsensbedarf, Partizipation und Stabilität im pluralistischen System andererseits.

[334] So schon *Hans Huber*: Recht, Staat und Gesellschaft, Bern 1954, S. 42 ff.

Literaturverzeichnis

Apel, Karl Otto: Zum Problem einer rationalen Begründung der Ethik im Zeitalter der Wissenschaft, in: Rehabilitierung der praktischen Philosophie, Bd. II, hrsgg. von Manfred Riedel, Freiburg 1974, S. 13 - 22.

Badura, Peter: Verfassung und Verfassungsgesetz, Festschrift f. U. Scheuner, Berlin 1973, S. 19 - 39.

— Grenzen und Möglichkeiten des Richterrechts — Verfassungsrechtliche Überlegungen, in: Rechtsfortbildung durch die sozialgerichtliche Rechtsprechung — Verhandlungen des Deutschen Sozialgerichtsverbandes — 1. Deutscher Sozialgerichtstag Kassel 1972 (Schriftenreihe des Deutschen Sozialgerichtsverbandes X), Bonn-Bad Godesberg 1973, S. 40 - 57.

— Art. Verfassung, in: Evangelisches Staatslexikon, hrsgg. v. Hermann Kunst und Siegfried Grundmann, 2. Aufl., Berlin 1975, Sp. 2708 - 2725.

Bäumlin, Richard: Staat, Recht und Geschichte, Zürich 1961.

Ballweg, Ottmar: Zu einer Lehre von der Natur der Sache (Baseler Stud. z. Rechtswiss. 57), Basel 1963.

Bierling, Ernst Rudolf: Ist das Recht einer freien Vereinskirche Recht im juristischen Sinne: Zeitschr. f. Kirchenrecht X (1871) S. 442 - 446.

— Das Wesen des positiven Rechts und das Kirchenrecht, Zeitschrift f. Kirchenrecht XIII (1876) S. 256 - 291.

— Zur Kritik der juristischen Grundbegriffe, 1. Teil, Gotha 1877; 2. Teil, Gotha 1883.

— Juristische Prinzipienlehre, 1. Bd., Freiburg i. B. u. Leipzig 1894, 5. Bd., Tübingen 1917.

Bleiken, Jochen: Staatliche Ordnung und Freiheit in der römischen Republik (Frankfurter Althist. Studien 6), Kallmünz Opf. 1972.

Bodin, Jean: De Republica libri sex, Frankfurt 1594.

Borucka-Arctowa, Maria: Die gesellschaftliche Wirkung des Rechts (Schriftenreihe zur Rechtssoziologie und Rechtstatsachenforschung 35), Berlin 1975.

Brunner, Georg: Kontrolle in Deutschland — Eine Untersuchung zur Verfassungsordnung in beiden Teilen Deutschlands, Köln 1972.

Bullinger, Martin: Öffentliches Recht und Privatrecht (res publica 17), Stuttgart/Berlin/Köln/Mainz 1968.

Burckhardt, Walter: Die Organisation der Rechtsgemeinschaft, Basel 1927.

Coing, Helmut: Grundzüge der Rechtsphilosophie, 2. Aufl., Berlin 1969.

Conrad, Hermann: Rechtsstaatliche Bestrebungen im Absolutismus Preußens und Österreichs am Ende des 18. Jahrhunderts (Arbeitsgemeinschaft f. Forsch. d. Landes NW — Geisteswiss. — H. 95), Köln u. Opladen 1961.

Del Vecchio, Giorgio: Lehrbuch der Rechtsphilosophie, 2. Aufl., Basel 1951.
— Grundlagen und Grundfragen des Rechts, Göttingen 1963.
Denninger, Erhard: Staatsrecht — 1. Die Leitbilder (rororo Studium 34), Reinbek bei Hamburg 1973.
Drath, Martin: Grund und Grenzen der Verbindlichkeit des Rechts — Prolegomena zur Untersuchung des Verhältnisses von Recht und Gerechtigkeit (Recht und Staat 272/3), Tübingen 1963.
Ebbinghaus, Julius: Die Idee des Rechts (1938), in *ders.*: Gesammelte Aufsätze, Vorträge und Reden, Darmstadt 1968, S. 274 - 331.
Ebsen, Ingwer: Gesetzesbindung und „Richtigkeit" der Entscheidung — Eine Untersuchung zur juristischen Methodenlehre (Schriften zur Rechtstheorie 35), Berlin 1974.
Eichenberger, Kurt: Die richterliche Unabhängigkeit als staatsrechtliches Problem (Abh. z. schweizerisch. Recht NF 341), Bern 1960.
Emge, Carl August: Vorschule der Rechtsphilosophie, Berlin-Grunewald 1925.
— Einführung in die Rechtsphilosophie, Frankfurt/M.—Wien 1955.
Engisch, Karl: Auf der Suche nach der Gerechtigkeit — Hauptthemen der Rechtsphilosophie, München 1971.
Esser, Josef: Grundsatz und Norm in der richterlichen Fortbildung des Privatrechts, 2. Aufl., Tübingen 1964.
— Vorverständnis und Methodenwahl in der Rechtsfindung — Rationalitätsgrundlagen richterlicher Entscheidungspraxis, 2. Auflage, Frankfurt a. M. 1972.
Friedrich, Carl Joachim: Der Verfassungsstaat der Neuzeit (Enzyklopädie der Rechts- u. Staatswiss. II 5), Berlin/Göttingen/Heidelberg 1953.
Geismann, Georg: Ethik und Herrschaftsordnung — Ein Beitrag zur Legitimation (Die Einheit der Gesellschaftswissenschaften 14), Tübingen 1974.
Grawert, Rolf: Historische Entwicklungslinien des neuzeitlichen Gesetzesrechts, Der Staat 11 (1972) S. 1 - 25.
Habermas, Jürgen: Theorie und Praxis — Sozialphilosophische Studien (POLITICA 11), Neuwied a. Rh. u. Berlin 1963.
— Theorie der Gesellschaft oder Sozialtechnologie? Eine Auseinandersetzung mit Niklas Luhmann, in *ders. / Niklas Luhmann:* Theorie der Gesellschaft oder Sozialtechnologie — Was leistet die Systemforschung, Frankfurt a. M. 1971, S. 142 - 290.
— Legitimationsprobleme im Spätkapitalismus, 2. Aufl., Frankfurt a. M. 1973.
Häberle, Peter: Zeit und Verfassung — Prolegomena zu einem „zeitgerechten" Verfassungsverständnis, Zeitschrift f. Politik NF 21 (1974) S. 111 - 137.
— Verfassungstheorie ohne Naturrecht, AöR 99 (1974) S. 437 - 463.
Hart, Herbert Lionel A.: The Concept of Law, 2. Aufl., Oxford 1963, dt. u. d. T.: Der Begriff des Rechts, Frankfurt a. M. 1973.
Hayek, Friedrich August von: The Constitution of Liberty, Chicago/London 1960; dt. u. d. T.: Die Verfassung der Freiheit (Walter Eucken Institut Freiburg i. Br. — Wirtschaftswiss. und Wirtschaftsrechtl. Unters. 7), Tübingen 1971.
Heller, Hermann: Staatslehre, Leiden 1934.

Henkel, Heinrich: Das Problem der Rechtsgeltung, Gedächtnisschrift f. René Marcic, 1. Bd., Berlin 1974, S. 63 - 87.

Hennis, Wilhelm: Legitimität — Zu einer Kategorie der bürgerlichen Gesellschaft, Merkur 30 (1976) S. 17 - 36.

Herz, John H.: Staatenwelt und Weltpolitik — Aufsätze zur internationalen Politik im Nuklear-Zeitalter, Hamburg 1974.

Hesse, Konrad: Grundzüge des Verfassungsrechts der Bundesrepublik Deutschland, 8. Aufl., Karlsruhe 1975.

Hippel, Ernst von: Über die Verbindlichkeit der Gesetze, AöR 57 (1930) S. 86 - 120.

Hofmann, Hasso: Legitimität gegen Legalität — Der Weg der politischen Philosophie Carl Schmitts (POLITICA 19), Neuwied u. Berlin 1964.

— Repräsentation — Studien zur Wort- und Begriffsgeschichte von der Antike bis ins 19. Jahrhundert (Schriften zur Verfassungsgeschichte 22), Berlin 1974.

Hollerbach, Alexander: Ideologie und Verfassung, in: Ideologie und Recht, hrsgg. v. Werner Maihofer, Frankfurt a. M. 1969, S. 37 - 61.

— Aspekte der Freiheitsproblematik im Recht, Philosophische Perspektiven 5 (1973) S. 29 - 41.

Institut international de philosophie politique (Ed.): L'idée de légitimité (= Annales de philosophie politique 7), Paris 1967.

Ipsen, Jörn: Richterrecht und Verfassung (Schriften zur Rechtstheorie 40), Berlin 1975.

Jellinek, Georg: Allgemeine Staatslehre, 5. Neudr. der 3. Aufl., Darmstadt 1960.

Jonas, Friedrich: Sozialphilosophie der industriellen Arbeitswelt (Soziolog. Gegenwartsfragen NF), Stuttgart 1960.

Jørgensen, Stig: Recht und Gesellschaft, Göttingen 1971.

Jouvenel, Bertrand de: Über Souveränität — Auf der Suche nach dem Gemeinwohl (POLITICA 9), Neuwied und Berlin 1963.

Kant, Immanuel: Grundlegung zur Metaphysik der Sitten = Kants gesammelte Schriften, hrsgg. v. der Preußischen Akademie der Wissenschaften, Bd. IV, Berlin 1911.

— Metaphysik der Sitten, hrsgg. v. Karl Vorländer (Meiners Philosophische Bibliothek Bd. 42), Hamburg 1959.

Kaufmann, Arthur: Recht und Sittlichkeit (Recht und Staat 282/283), Tübingen 1964.

— (Hrsg.): Die ontologische Begründung des Rechts, Darmstadt 1965.

Kelsen, Hans: Hauptprobleme der Staatsrechtslehre, entwickelt aus der Lehre vom Rechtssatz, 2. Aufl., Tübingen 1923 (Neudr. Aalen 1960).

— Reine Rechtslehre, 2. Aufl., Wien 1960 (Nachdr. 1967).

— Vom Geltungsgrund des Rechts, Festschr. f. A. Verdross, Wien 1960, S. 157 - 165.

— Was ist juristischer Positivismus? JZ 1965, S. 456 - 469.

Kempski, Jürgen von: Recht und Politik — Studien zur Einheit der Sozialwissenschaft, Stuttgart 1965.
— Grundlegung zu einer Strukturtheorie des Rechts (Akademie d. Wissenschaften u. d. Literatur Mainz — Abh. d. geistes- u. sozialwiss. Kl., Jg. 1961, Nr. 2), Wiesbaden 1961.

Kielmansegg, Peter Graf: Legitimität als analytische Kategorie, PVS XII (1971) S. 367 - 401.

Klug, Ulrich: Rechtslücke und Rechtsgeltung, Festschrift f. Hans Carl Nipperdey, Bd. 1, München u. Berlin 1965, S. 71 - 94.
— Die Reine Rechtslehre von Hans Kelsen und die formallogische Rechtfertigung der Kritik am Pseudoschluß von Sein auf das Sollen, Festschrift f. Hans Kelsen, Knoxville 1964, S. 153 - 169.

Köbler, Gerhard: Das Recht im frühen Mittelalter — Untersuchungen zu Herkunft und Inhalt frühmittelalterlicher Rechtsbegriffe im deutschen Sprachgebiet (Forsch. z. deutschen Rechtsgesch. 7), Köln/Wien 1971.

Kramer, Hermann: Das Problem der Verbindlichkeit von Rechts- und Moralnormen, Salzburger Jahrbuch für Philosophie XII/XIII (1968/69), Salzburg u. München 1969, S. 225 - 251.

Krawietz, Werner: Das positive Recht und seine Funktion (Schriften zur Rechtstheorie 9), Berlin 1967.

Kriele, Martin: Rechtspflicht und die positivistische Trennung von Recht und Moral, Österr. Zeitschr. f. Öffentl. Recht NF XVI (1966) S. 413 - 429.
— Zur Geschichte der Grund- und Menschenrechte, Festschr. f. Hans Scupin, Berlin 1973, S. 187 - 211.
— Einführung in die Staatslehre — Die geschichtlichen Legitimitätsgrundlagen des demokratischen Verfassungsstaates (rororo Studium 35), Reinbek bei Hamburg 1975.
— Theorie der Rechtsgewinnung, entwickelt am Problem der Verfassungsinterpretation (Schriften zum Öffentl. Recht 41), 2. Aufl., Berlin 1976.

Küchenhoff, Günther: Rechtsbesinnung — Eine Rechtsphilosophie, Göttingen 1973.

Kuhn, Helmut: Der Staat — Eine philosophische Darstellung, München 1967.

Larenz, Karl: Das Problem der Rechtsgeltung, Berlin 1929.

Laun, Rudolf: Recht und Sittlichkeit, 3. Aufl., Berlin 1935.

Legaz y Lacambra, Luis: Filosofia del Derecho, 2. Aufl., Barcelona 1961; dt. u. d. T.: Rechtsphilosophie, Neuwied a. Rh. u. Berlin-Spandau 1965.

Leser, Norbert: Wertrelativismus, Grundnorm und Demokratie — Abgrenzungs- und Anwendungsprobleme der „Reinen Rechtslehre", in: Hundert Jahre Verfassungsgerichtsbarkeit — Fünfzig Jahre Verfassungsgerichtshof in Österreich, Frankfurt/Zürich/Salzburg/München 1968, S. 225 - 277.

Löwith, Karl: Mensch und Geschichte, in *ders.*: Gesammelte Abhandlungen, Stuttgart 1960, S. 152 - 178.

Lübbe, Hermann: Legitimitätsschwäche und Jugendbewegung, Merkur 28 (1974) S. 1005 - 1014.

Luhmann, Niklas: Rechtssoziologie, 2 Bde., Reinbek bei Hamburg 1972.
— Legitimation durch Verfahren (Soziolog. Texte 66), 2. Aufl., Neuwied a. Rh. und Berlin 1975.

Macpherson, C. B.: The Political Theory of Possessive Individualism. Hobbes to Locke, Oxford 1962; dt. u. d. T.: Die politische Theorie des Besitzindividualismus, Frankfurt am Main 1967.

Mandt, Hella: Tyrannislehre und Widerstandsrecht — Studien zur deutschen politischen Theorie des 19. Jahrhunderts (POLITICA 36), Darmstadt und Neuwied a. Rh. 1974.

Matz, Ulrich: Politik und Gewalt — Zur Theorie des demokratischen Verfassungsstaates und der Revolution, München 1975.

Meyer-Cording, Ulrich: Die Rechtsnormen, Tübingen 1971.

Moritz, Manfred: Verpflichtung und Freiheit. Über den Satz „Sollen impliziert können", Theoria XIX (Lund 1953) S. 131 - 171.

Müller, Friedrich: Normstruktur und Normativität — Zum Verhältnis von Recht und Wirklichkeit in der juristischen Hermeneutik, entwickelt an Fragen der Verfassungsinterpretation (Schriften zur Rechtstheorie 8), Berlin 1966.

Ossenbühl, Fritz: Verwaltungsvorschriften und Grundgesetz, Bad Homburg v. d. H./Berlin/Zürich 1968.

Ott, Walter: Der Rechtspositivismus — Kritische Würdigung auf der Grundlage eines juristischen Pragmatismus (Erfahrung und Denken 45), Berlin 1976.

Papier, Hans-Jürgen: Die finanzrechtlichen Gesetzesvorbehalte und das grundgesetzliche Demokratieprinzip — Zugleich ein Beitrag zur Lehre von den Rechtsformen der Grundrechtseingriffe, Berlin 1973.

Passerin d'Entrèves, Alexandre: Légalité et légitimité, in: L'idée de légitimité (= Annales de philosophie politique 7), ed. Institut international de philosophie politique, Paris 1967, S. 29 - 41.
— The Notion of the State, Oxford 1967.

Podlech, Adalbert: Gehalt und Funktion des allgemeinen verfassungsrechtlichen Gleichheitssatzes (Schriften zum Öffentl. Recht 144), Berlin 1971.
— Wertentscheidung und Konsens, in: Rechtsgeltung und Konsens, hrsgg. v. Günther Jakobs (Schriften zur Rechtstheorie 49), Berlin 1976, S. 9 - 28.

Quaritsch, Helmut: Staat und Souveränität, Bd. 1, Frankfurt/M. 1970.

Radbruch, Gustav: Rechtsphilosophie, 5. Aufl., hrsgg. v. Erik Wolf, Stuttgart 1956.

Riedel, Manfred: Herrschaft und Gesellschaft — Zum Legitimationsproblem des Politischen in der Philosophie, in: Rehabilitierung der praktischen Philosophie, hrsgg. v. dems., Bd. 2, Freiburg 1974, S. 235 - 258.

Ritter, Joachim: „Politik" und „Ethik" in der praktischen Philosophie des Aristoteles (1967), in *ders.*: Metaphysik und Politik, Frankfurt a. M. 1969, S. 106 - 132.
— „Naturrecht" bei Aristoteles — Zum Problem einer Erneuerung des Naturrechts (1963), jetzt in *ders.*: Metaphysik und Politik, Frankfurt a. M. 1969, S. 133 - 179.

Roellecke, Gerd: Der Begriff des positiven Gesetzes und das Grundgesetz, Mainz 1969.
— Die Bindung des Richters an Gesetz und Verfassung, VVDStRL 34 (1976) S. 7 - 42.

Rosenbaum, Wolf: Naturrecht und positives Recht — Rechtssoziologische Untersuchungen zum Einfluß der Naturrechtslehre auf die Rechtspraxis in Deutschland seit Beginn des 19. Jahrhunderts (Soziologische Texte 83), Neuwied u. Darmstadt 1972.

Ryffel, Hans: Rechts- und Staatsphilosophie — Philosophische Anthropologie des Politischen, Neuwied u. Berlin 1969.
— Rechtssoziologie — Eine systematische Orientierung, Neuwied u. Berlin 1974.

Sax, Walter: Das strafrechtliche Analogieverbot — Eine methodologische Untersuchung über die Grenze der Auslegung im geltenden deutschen Strafrecht, Göttingen 1953.

Scharpf, Fritz: Demokratietheorie zwischen Utopie und Anpassung (Konstanzer Universitätsreden 25), 2. Aufl., Konstanz 1972.

Scheuner, Ulrich: Grundfragen des modernen Staates, in: Recht, Staat, Wirtschaft, hrsgg. v. H. Wandersleb, 3. Bd., Düsseldorf 1951, S. 126 - 165.
— Art. Verfassung, Staatslexikon der Görres-Gesellschaft, 6. Aufl., Bd. 8, Freiburg 1963, Sp. 117 - 127.
— Das Mehrheitsprinzip in der Demokratie (Rheinland-Westf. Ak. d. Wiss. — Geisteswiss. — Vorträge G 191), Opladen 1973.
— Gesetzgebung und Politik, Gedächtnisschrift für René Marcic, 2. Bd., Berlin 1974, S. 889 - 904.
— Konsens und Pluralismus als verfassungsrechtliches Problem, in: Rechtsgeltung und Konsens, hrsgg. v. Günther Jakobs (Schriften zur Rechtstheorie 49), Berlin 1976, S. 33 - 68.

Schmidt, Walter: Organisierte Einwirkung auf die Verwaltung — Zur Lage der zweiten Gewalt, VVDStRL 33 (1975) S. 183 - 197.

Schmidt-Aßmann, Eberhard: Der Verfassungsbegriff in der Deutschen Staatslehre der Aufklärung und des Historismus — Untersuchungen zu den Vorstufen eines hermeneutischen Verfassungsdenkens (Schriften z. Öffentl. Recht 53), Berlin 1967.

Schmitt, Carl: Verfassungslehre, München u. Leipzig 1928, 5. Neudr., Berlin 1970.

Schneider, Hans Peter: Richterrecht, Gesetzesrecht und Verfassungsrecht (Wissenschaft und Gegenwart 40/41), Frankfurt/M. 1969.
— Die Gesetzmäßigkeit der Rechtsprechung, DÖV 28 (1975) S. 443 - 452.

Schreiber, Hans-Ludwig: Der Begriff der Rechtspflicht — Quellenstudien zu seiner Geschichte, Berlin 1966.

Schreiber, Rupert: Die Geltung von Rechtsnormen, Berlin/Heidelberg/New York 1966.

Smend, Rudolf: Staatsrechtliche Abhandlungen, 2. Aufl., Berlin 1968.

Spaemann, Robert: Moral und Gewalt, in: Rehabilitierung der praktischen Philosophie, hrsgg. v. Manfred Riedel, Bd. 1, Freiburg 1972, S. 215 - 241.

Starck, Christian: Der Gesetzesbegriff des Grundgesetzes, Baden-Baden 1970.

Sternberger, Dolf: Herrschaft und Vereinbarung. Über bürgerliche Legitimität (1966), in *ders.*: Ich wünschte, ein Bürger zu sein, Frankfurt/M. 1967, S. 51 - 67.

Strauss, Leo: Natural Right and History, Chicago 1953; dt. u. d. T.: Naturrecht und Geschichte, Stuttgart 1956.

Suarez, Franciscus: Tractatus de legibus ac Deo legislatore (1612), Mainz 1619.

Suhr, Dieter: Bewußtseinsverfassung und Gesellschaftsverfassung — Über Hegel und Marx zu einer dialektischen Verfassungstheorie (Schriften zur Rechtstheorie 41), Berlin 1975.

Vitoria, Franciscus de: Relectiones morales, Frankfurt 1696.

Voigt, Alfred (Hrsg.): Der Herrschaftsvertrag (POLITICA 16), Neuwied a. Rh. 1965.

Weber, Max: Wirtschaft und Gesellschaft, 5. Aufl., Tübingen 1972.

Weischedel, Wilhelm: Recht und Ethik. Zur Anwendung ethischer Prinzipien in der Rechtsprechung des Bundesgerichtshofs, in *ders.*: Wirklichkeit und Wirklichkeiten, Berlin 1960, S. 230 - 265.

Welzel, Hans: Macht und Recht (Rechtspflicht und Rechtsgeltung), Festschrift f. Karl Gottfried Hugelmann, Bd. 2, Aalen 1959, S. 833 - 843.

— Gesetz und Gewissen, Hundert Jahre deutsches Rechtsleben — Festschr. z. hundertjähr. Bestehen d. Deutschen Juristentages, Bd. 1, Karlsruhe 1960, S. 383 - 400.

— An den Grenzen des Rechts — Die Frage nach der Rechtsgeltung (Arbeitsgemeinschaft f. Forsch. d. Landes NW — Geisteswiss. Abt. — 128), Köln u. Opladen 1966.

Wieacker, Franz: Privatrechtsgeschichte der Neuzeit, 2. Aufl., Göttingen 1967.

Zweig, Egon: Die Lehre vom Pouvoir Constituant — Ein Beitrag zum Staatsrecht der französischen Revolution, Tübingen 1909.

Namenverzeichnis

Achterberg, Norbert 80 N. 287
Ackermann, Franz 35 N. 87
Adomeit, Klaus 86 N. 312
Albert, Hans 74 N. 257
Althusius, Johannes 19, 28
Anschütz, Gerhard 50 N. 161, 66 N. 226
Apel, Karl-Otto 43 N. 128, 70 N. 236
Arendt, Hannah 21 N. 43
Aristoteles 13, 14 mit N. 19
Arnaud, Peter 11 N. 1
Arndt, Adolf 59 N. 194, 79 N. 281
Arrow, Kenneth J. 87 mit N. 319
Badura, Peter 25 N. 56, 53 N. 174, 55 N. 181, 57 N. 186, 58 N. 192, 60 N. 197, 62 N. 204, 63 N. 212, 66 N. 225, 71 N. 242, 76 N. 269, 78 N. 279, 79 N. 282, 80 NN. 286 u. 289, 81 N. 290, 84 N. 304
Ballweg, Ottmar 38 N. 102
Baratta, Alessandro 39 N. 102
Bartlsperger, Richard 58 N. 191
Bauer, Wolfram 58 N. 191
Bäumlin, Richard 63 N. 214
Deling, Ernst 37 N. 95, 73 N. 256
Bentham, Jeremy 28
Berg, Elias 87 N. 318
Bergbohm, Karl 47 mit N. 151
Beyme, Klaus von 61 N. 202, 75 N. 262
Bickel, Dietrich 82 N. 293
Bien, Günther 15 N. 19
Bierling, Ernst Rudolf 45 mit NN. 142 u. 145, 47, 77 mit N. 275
Binder, Julius 33 NN. 82 u. 83, 36 N. 95, 43, 44 N. 134
Birk, Rolf 79 N. 282
Bismarck, Otto von 50 N. 161, 70
Bleicken, Jochen 13 N. 11, 24 N. 54
Blomeyer, Wolfgang 82 N. 293
Bobbio, Norberto 40 N. 108, 54 N. 176
Bodin, Jean 11 N. 1, 16 mit N. 26, 19, 26 mit N. 65
Böckenförde, Ernst-Wolfgang 28 N. 70, 35 N. 86, 37 N. 98, 38 N. 99, 51 N. 168, 56 NN. 183 u. 185, 68 N. 229, 79 N. 285

Böckle, Franz 38 N. 99
Borst, Arno 15 N. 23
Borgeaud, Charles 57 N. 187
Borucka-Arctowa, Maria 24 N. 50, 29 N. 73, 44 N. 140, 84 N. 303
Bossuet, Jaques Bénigne 18 N. 32, 19 N. 32
Boutmy, Emile 52 N. 171
Brecht, Arnold 40 N. 110
Brie, Siegfried 46 N. 146, 74 N. 260
Brüggemann, Jürgen 84 N. 302
Brunner, Georg 24 N. 51, 59 N. 195, 66 N. 225
Bülow, Oskar 59 N. 197
Bullinger, Martin 54 N. 178, 55 N. 180
Burckardt, Walter 36 N. 95, 53 N. 174, 62 N. 207, 64 N. 216
Burke, Edmund 11 N. 1, 52, 73

Cathrein, Viktor 38 N. 99
Chanteur, Janine 11 N. 1
Chevallier, Jean-Jacques 11 N. 1
Coing, Helmut 32 N. 82, 39 mit N. 105, 40 N. 108
Comte, Auguste 11 N. 1
Conrad, Hermann 25 N. 58, 27 N. 67, 54 N. 178
Constant, Benjamin 11 N. 1
Cotta, Sergio 22 N. 49
Craemer-Rügenberg, Ingrid 37 N. 96
Cramer, Konrad 40 N. 111

Dahrendorf, Ralf 77 N. 278
Dante Alighieri 15
Del Vecchio, Giorgio 24 N. 55, 36 N. 95, 40 N. 111
Denninger, Erhard 48 N. 156, 61 N. 203, 67 N. 228, 86 N. 314
Drath, Martin 29 N. 74, 36 N. 95, 48 N. 155, 72 N. 251
Dubislav, Walter 35 N. 89
Dürig, Günter 78 N. 280
Dulckeit, Gerhard 19 N. 35
Duns Scotus, Johannes 26 N. 65
Durkheim, Emile 36 N. 95

Namenverzeichnis

Easton, David 22 N. 49
Ebbinghaus, Julius 14 N. 19, 29 N. 76, 65 N. 218
Ebel, Wilhelm 28 N. 70
Ebsen, Ingwer 33 N. 82, 85 N. 307
Eckmann, Horst 39 N. 104
Eckold-Schmidt, Fridel 84 N. 302
Eichenberger, Kurt 83 N. 300, 84 N. 303, 85 N. 305
Ehmke, Horst 58 N. 191, 60 N. 198
Ehrlich, Eugen 24 N. 50
Emge, Carl August 29 N. 77, 32 N. 82, 36 N. 95
Engisch, Karl 29 N. 77, 30 mit N. 80, 31 N. 80, 32 N. 82, 37 N. 95, 75 mit NN. 263 u. 264
Ermacora, Felix 56 N. 185
Eschweiler, Karl 14 N. 17
Esser, Josef 23 N. 49, 59 N. 196, 85 N. 306
Evers, Hans-Ulrich 38 N. 100

Faber, Heiko 84 N. 301
Fechner, Erich 28 N. 73, 34 N. 85
Ferneck, Alexander Hold von 46 N. 146
Ferrero, Guglielmo 11 N. 1
Fetscher, Iring 17 N. 29
Fichte, Johann Gottlieb 36 mit N. 93
Finke, Heinrich 14 N. 17
Flechtheim, Ossip K. 70 N. 239
Flückiger, Felix 19 N. 34
Forsthoff, Ernst 56 N. 183, 60 N. 198, 66 N. 225, 68 N. 230
Friauf, Karl Heinrich 49 N. 161
Friedmann, W. 67 N. 227
Friedrich, Carl Joachim 22 N. 49, 28 NN. 71 u. 72, 48 N. 154, 73 N. 256
Friesenhahn, Ernst 83 N. 298
Fuchs, Walther Peter 15 N. 23
Fuß, Ernst-Werner 79 N. 281

Gadamer, Hans-Georg 59 N. 196
Gagnér, Sten 27 N. 66
Gehlen, Arnold 22 N. 48
Geiler, Karl 53 N. 174
Geismann, Georg 11 N. 2, 20 N. 39, 42 N. 125, 43 N. 127, 65 NN. 218 u. 220, 66 N. 225, 68 N. 232, 69 N. 233
Gerber, Carl Friedrich von 57
Germann, Oscar Adolf 80 N. 288
Gierke, Otto von 25 N. 56, 88 N. 323
Gmelin, Ulrich 16 N. 24

Goerlich, Helmut 63 N. 211
Goez, Werner 15 N. 23
Gough, John Wiedhoff 20 N. 36
Gratian 44
Grawert, Rolf 25 N. 58, 27 N. 66, 28 N. 70, 48 N. 156
Grimm, Dieter 70 N. 239
Grosser, Dieter 87 N. 317, 90 N. 332
Grotius, Hugo 87 N. 321
Grundmann, Siegfried 49 N. 160
Guizot, François Pierre Guillaume 12

Habermas, Jürgen 21 N. 43, 22 N. 48, 23 N. 49, 30 N. 78, 51 N. 166, 66 mit N. 224, 69 N. 236, 70 N. 236, 74 N. 257, 76 N. 273, 88 N. 322
Häberle, Peter 60 N. 198, 66 N. 225, 70 N. 239, 74 N. 258, 88 N. 327
Haenel, Albert 67 N. 226
Hägerström, Axel 33 N. 82, 62 N. 205
Hart, Herbert A. Lionel 33 N. 82, 39 N. 104, 45 N. 141, 71 N. 244
Hartmann, Nicolai 39, 40
Hartwich, Hans Hermann 61 N. 202
Hassemer, Winfried 29 N. 75
Hauriou, Maurice 66 N. 226
Hauser, Raimund 34 N. 85
Hayek, Friedrich August von 48 N. 154, 88 N. 325
Hegel, Georg Wilhelm Friedrich 18 N. 29, 20 N. 40, 42
Heller, Hermann 11 N. 2, 45 N. 142, 56 N. 184, 69
Henkel, Heinrich 30 N. 79, 31 mit N. 81, 32 N. 82, 33 N. 83
Hennis, Wilhelm 16 N. 27, 17 N. 27, 20 N. 39, 21 mit N. 44, 24 mit N. 52, 30 N. 78, 51 N. 168, 76 N. 272
Henrich, Walter 58 N. 191
Hermens, Ferdinand A. 88 N. 325
Herrschel, Wilhelm 82 N. 293
Herz, John H. 77 N. 277, 78 N. 279
Hesse, Konrad 55 N. 181, 56 N. 183, 57 N. 186, 60 N. 198, 61 N. 203, 70 N. 237
Heydte, Friedrich August Frh. von der 11 N. 2
Hill, Werner 58 N. 191
Hippel, Ernst von 35 N. 90, 36 N. 92
Hirsch, Ernst E. 29 N. 73
Hobbes, Thomas 13, 17 mit NN. 27 u. 29, 19, 26 N. 65, 34, 39 N. 104, 64 N. 217, 69

Namenverzeichnis

Hoebel, Edward Adamson 36 N. 95
Höffe, Otfried 15 N. 19
Hofmann, Rupert 35 N. 88
Hollerbach, Alexander 38 N. 100, 56 N. 183, 58 N. 192, 60 N. 198, 62 N. 210, 72 NN. 247 u. 250, 79 N. 284
Hoppe, Werner 81 N. 290
Huber, Hans 90 N. 334
Huber, Ernst Rudolf 50 N. 161, 68 N. 230
Hume, David 34, 39 N. 104
Husserl, Gerhard 76 N. 266

Ilting, Karl-Heinz 42 N. 124, 47 N. 149
Imboden, Max 22 N. 48
Ipsen, Hans Peter 79 N. 282
Ipsen, Jörn 60 N. 197, 83 N. 298, 84 N. 304
Isensee, Josef 81 N. 292

Jakobs, Günther 21 N. 45
Jellinek, Georg 45 N. 142, 46 N. 146, 52 mit NN. 171 u. 173, 54 mit N. 179, 57 N. 187, 67 N. 226, 80 N. 287
Jerusalem, Franz W. 20 N. 37
Jhering, Rudolf von 28, 36 N. 95, 43 mit N. 133
Jesch, Dietrich 78 N. 280, 80 N. 287
Jonas, Friedrich 12 N. 3, 13 N. 10
Jørgensen, Stig 28 N. 73, 63 N. 214, 84 N. 305
Jouvenel, Bertrand de 16 N. 27, 25 N. 58, 26 N. 65

Kägi, Werner 58 N. 191
Kant, Immanuel 18 N. 30, 19 mit N. 35, 30 N. 77, 34, 36 mit N. 92, 40 N. 111, 41 mit N. 113, 42, 43, 44 mit N. 136, 54 mit N. 178, 55, 64 mit N. 217, 65 mit N. 218, 66 N. 226, 77
Kaufmann, Arthur 29 N. 75, 30 NN. 77 u. 79, 36 N. 95, 37 N. 96, 39 NN. 102 u. 107
Kaufmann, Erich 18 N. 29, 50 N. 161
Kelsen, Hans 31, 34 mit N. 85, 35 NN. 88 u. 89, 36 mit NN. 94 u. 95, 46 mit N. 148, 47, 51 N. 165, 55 mit N. 182, 58 N. 191
Kempski, Jürgen von 65 NN. 218, 219 u. 220, 66 N. 222
Kern, Fritz 25 mit N. 56

Kielmansegg, Peter Graf 17 N. 28, 22 N. 48, 23 N. 50, 24 N. 53, 62 N. 206, 76 N. 267
Klein, Franz 23 N. 50
Klein, Hans H. 56 N. 183, 83 N. 298
Klein, Hans-Joachim 40 N. 110
Kleinheyer, Gerd 27 N. 67
Klenner, Hermann 37 N. 98
Klinkenberg, Hans Martin 26 N. 61
Klug, Ulrich 32 N. 82, 35 N. 87
Köbler, Gerhard 25 N. 60, 26 N. 62
Kojève, Alexandre 12 N. 4
Kopp, Ferdinand O. 85 N. 309
Kraft, Victor 40 N. 110
Kramer, Ernst M. 47 N. 148
Kramer, Hermann 33 N. 82, 43 N. 131
Krawietz, Werner 28 NN. 70 u. 73, 40 N. 110
Kriele, Martin 16 N. 27, 18 N. 29, 25 N. 58, 28 N. 72, 30 N. 78, 36 N. 94, 52 N. 171, 60 N. 198, 71 N. 244, 72 N. 250, 74 NN. 256 u. 261, 76 NN. 269 u. 273, 79 N. 282, 80 N. 288
Krippendorf, Ekkehart 79 N. 282
Krockow, Christian Graf von 17 N. 29
Kroeschell, Karl 26 N. 62
Krüger, Herbert 55 N. 181, 58 N. 192, 65 N. 220, 69 N. 234, 86 N. 315
Kruse, Heinrich Wilhelm 59 N. 197
Kübler, Friedrich Karl 38 N. 100, 83 N. 297
Küchenhoff, Günther 29 N. 75, 32 N. 82, 39 NN. 103 u. 104, 62 N. 205
Kuhn, Helmut 20 N. 37, 63 N. 214
Kunst, Hermann 49 N. 160

Laband, Paul 57 mit N. 187
Landmann, Max 19 N. 32
Langner, Albrecht 38 N. 100
Larenz, Karl 32 N. 82, 37 N. 97, 42 N. 122, 59 N. 197
Lasker, Eduard 50 N. 161
Laun, Rudolf 36 N. 95, 42 N. 121, 43 mit NN. 129, 130 u. 131; 44 mit NN. 136 u. 137, 45
Lecheler, Helmut 85 N. 310
Legaz y Lacambra, Luis 36 N. 95, 37 N. 95
Leibholz, Gerhard 45 N. 142
Leisner, Walter 49 N. 158, 52 N. 171
Leser, Norbert 35 NN. 88 u. 89
Lipset, Seymour Martin 30 N. 78

Llewellyn, Karl N. 28 N. 73
Llompart, José 71 N. 243
Locke, John 19, 66 N. 226
Loewenstein, Karl 49 N. 158
Lorenz, Dieter 83 N. 300
Löwith, Karl 12 N. 4
Lübbe, Hermann 64 N. 215, 73 N. 252, 77 N. 276
Luhmann, Niklas 22 NN. 48 u. 49, 23 N. 49, 27 N. 66, 28 N. 69, 51 N. 166, 63 N. 211, 70 N. 236, 84 N. 301., 88 N. 325
Lundstedt, Anders Vilhelm 33 N. 82
Lupold von Bebenburg 15

Machiavelli, Nicoló 18 N. 29, 20
Macpherson, Crawford Brough 18 N. 29, 69 N. 235
Maier, Hans 14 N. 17, 18 N. 29, 20 N. 39
Maihofer, Werner 28 N. 73, 29 N. 75, 39 N. 102, 58 N. 192, 84 N. 303
Mandt, Hella 12 N. 4, 24 N. 51
Marcic, René 33 N. 83, 36 N. 94, 45 N. 142, 48 N. 156
Marsilius von Padua 25
Matz, Ulrich 17 N. 28, 18 N. 29, 19 N. 34, 25 N. 57, 28 N. 73, 40 N. 110, 44 N. 135, 76 NN. 270 u. 271, 77 N. 274
Maunz, Theodor 78 N. 280
Mayer, Hans 58 N. 191
Mayer, Max Ernst 44 N. 140
Mayer-Maly, Theo 62 N. 205
Medicis, Sebastian 28 N. 72
Medick, Hans 19 N. 34
Merkel, Adolf 46 N. 146
Merkl, Peter H. 61 N. 202
Messner, Johannes 38 N. 99
Meyer-Cording, Ulrich 44 N. 138, 48 N. 156
Mitteis, Heinrich 88 N. 323
Mols, Manfred Heinrich 58 N. 191
Mommsen, Wolfgang J. 22 N. 48
Montesquieu, Charles de Secondat 48 N. 155
Moore, George Edward 42
Moritz, Manfred 74 N. 257
Müller, Friedrich 56 N. 185, 59 N. 196, 60 N. 198

Narr, Wolf-Dieter 30 N. 78
Nawiasky, Hans 73 N. 256
Nef, Hans 36 N. 92, 54 N. 179
Nietzsche, Friedrich 18 N. 29
Nikolaus von Cues 26
Nolte, Ernst 63 mit N. 213

Ockham, Wilhelm von 14 N. 16, 15
Odenheimer, Max Jörg 27 N. 66
Oelmüller, Willi 43 N. 126
Oertzen, Peter von 57 N. 187
Oestreich, Gerhard 52 N. 170
Offe, Claus 30 N. 78
Olivecrona, Karl 33 N. 82, 62 N. 205
Ossenbühl, Fritz 60 N. 198, 79 N. 285, 80 NN. 287 u. 289
Ott, Walter 33 N. 82, 45 NN. 141 u. 142, 71 N. 244

Papier, Hans-Jürgen 78 N. 280, 80 N. 288, 84 N. 305, 86 N. 311
Pappermann, Ernst 27 N. 67
Passerin d'Entrèves, Alexandre 11 N. 2, 17 N. 29, 25 N. 59, 28 N. 72, 62 N. 209
Pawlowski, Hans-Martin 60 N. 198, 82 N. 293
Peter von Andlau 15
Peters, Hans 79 N. 285
Petersen, Peter 14 N. 17
Picht, Georg 52 N. 170
Platon 12 mit N. 4, 30 N. 77
Podgórecki, Adam 29 N. 73
Podlech, Adalbert 40 N. 110, 61 N. 200, 64 N. 216, 66 N. 223, 74 N. 261, 87 N. 319, 88 N. 322
Polin, Claude 11 N. 1, 13 mit N. 14
Popper, Karl R. 35 N. 87
Pufendorf, Samuel 19, 55

Quaritsch, Helmut 16 NN. 24, 25 u. 26, 25 N. 58, 26 N. 65

Radbruch, Gustav 33 N. 83, 37 N. 95, 46 N. 146
Rahner, Karl 63 N. 214
Redslob, Robert 49 N. 158
Rehbinder, Manfred 28 N. 73, 29 N. 73
Reinisch, Leonhard 20 N. 39
Reuß, Wilhelm 82 N. 293
Riedel, Manfred 13 mit NN. 7, 12 u. 13, 40 N. 111, 43 N. 126, 64 N. 217, 65 N. 220

Ritter, Joachim 11 N. 1, 13 NN. 4, 8 u. 9, 14 NN. 18 u. 19, 20 N. 40, 21 N. 42, 28 N. 70
Roellecke, Gerd 25 N. 57, 28 N. 70, 50 mit N. 164, 83 N. 300, 84 NN. 304 u. 305
Rommen, Heinrich 38 N. 99
Rönne, Ludwig von 50 N. 161
Rosenbaum, Wolf 20 N. 36, 21 N. 43, 38 N. 100, 55 N. 180
Ross, Alf 33 N. 82
Roters, Wolfgang 81 N. 290
Rousseau, Jean-Jacques 18 N. 29, 19, 87 N. 322
Rupp, Hans Heinrich 66 N. 225
Rüggeberg, Jörg 83 N. 298
Rüthers, Bernd 38 N. 101, 73 N. 255, 82 N. 293
Ryffel, Hans 17 N. 29, 23 N. 49, 29 N. 73, 30 N. 79, 32 N. 82, 34 N. 85, 35 N. 90, 37 N. 95, 40 NN. 109 u. 110, 42 N. 121, 50 N. 164, 56 N. 184, 59 N. 196, 72 N. 251

Säcker, Franz-Jürgen 83 N. 298
Sandweg, Jürgen 52 N. 170
Sartre, Jean Paul 76
Sauerwein, Herbert 60 N. 199
Savigny, Friedrich Carl von 60 N. 198, 65, 66 N. 221
Sax, Walter 84 N. 304, 85 N. 308
Scaevola 87 N. 322
Schambeck, Herbert 39 N. 103, 57 N. 186
Scharpf, Fritz 48 N. 154, 68 N. 231, 70 N. 238, 74 NN. 256 u. 257, 89 N. 331, 90 NN. 332 u. 333
Schelauske, Hans Dieter 38 N. 100
Scheler, Max 39, 40
Scheuner, Ulrich 16 N. 25, 21 mit N. 45, 25 N. 58, 26 N. 65, 27 N. 66, 28 NN. 68, 70 u. 72, 44 N. 138, 45 N. 142, 48 NN. 154 u. 156, 51 N. 167, 55 N. 180, 58 NN. 192 u. 193, 61 N. 203, 71 N. 246, 72 N. 249, 74 N. 261, 76 N. 269, 86 N. 316, 87 NN. 318 u. 322, 89 N. 332
Schieder, Theodor 16 N. 25
Schindler, Dietrich 70 N. 239
Schlaich, Klaus 86 N. 315
Schluchter, Wolfgang 58 N. 191
Schmidt-Aßmann, Eberhard 52 N. 172, 56 N. 185
Schmidt, Helmut 76 N. 269

Schmidt, Karl 53 N. 174
Schmidt, Walter 56 N. 183, 70 N. 239, 77 N. 277, 78 N. 280, 85 N. 310
Schmitt, Carl 18 N. 29, 49 N. 158, 56 N. 183, 57 mit N. 188, 59, 75 N. 262
Schmitt Glaeser, Walter 85 N. 310
Schneider, Hans-Peter 59 N. 197, 60 N. 198, 82 N. 295
Schneider, Peter 34 N. 85, 37 N. 98, 38 N. 100
Schnur, Roman 38 N. 101, 52 N. 171, 66 N. 226
Scholz, Richard 14 N. 16
Schramm, Percy Ernst 15 N. 23
Schreiber, Hans-Ludwig 23 N. 49, 36 N. 95, 45 N. 145
Schreiber, Rupert 32 N. 82, 34 N. 85
Schreiner, Helmut 76 N. 269
Schumann, Hans-Gerd 52 N. 172
Sforza, Widar Cesarini 25 N. 57
Sieyès, Emmanuel 48, 61 mit N. 201
Simson, Werner von 78 N. 279
Smend, Rudolf 50 N. 161, 57 mit N. 189, 58 mit N. 191, 72 N. 248
Sörgel, Werner 61 N. 202
Solmó, Felix 47 mit N. 152
Sontheimer, Kurt 30 N. 78
Spaemann, Robert 72 N. 250, 88 N. 328
Stammler, Rudolf 36 N. 95, 47 N. 151
Starck, Christian 28 N. 70, 48 N. 156
Steiner, Udo 61 N. 199
Sternberger, Dolf 15 N. 21, 22 NN. 48 u. 49, 52 N. 172, 61 N. 204
Stratenwerth, Günter 38 N. 102, 45 N. 142
Strauss, Leo 12 N. 4, 13 N. 4, 20 N. 38
Suarez, Franciscus 14, 15 N. 22, 36 N. 91
Suhr, Dieter 56 N. 185, 59 N. 194, 63 N. 214, 66 N. 225, 72 N. 249a, 76 N. 269, 81 N. 292, 84 N. 301
Suter, Jean-Francois 11 N. 1

Tammelo, Ilmar 39 N. 103
Thieme, Hans 27 N. 67
Thomas von Aquin 14, 15 N. 22
Thomasius, Christian 36 N. 95, 55
Timasheff, N. S. 43 N. 132
Thyssen, Johannes 39 N. 102
Trendelenburg, Adolf 54 N. 177
Troper, Michael 48 N. 155
Truman, David 74 N. 256
Trusen, Winfried 26 N. 63

Ullmann, Walter 16 N. 24, 26 N. 63
Ulpian 87 N. 322
Utz, Arthur Fridolin 38 N. 99

Valdés, Ernesto Garzón 33 N. 83
Varain, Heinz Josef 88 N. 326
Verdross, Alfred 58 N. 191
Vitoria, Franciscus de 15 NN. 20 u. 22, 89 mit N. 330
Vitzthum, Stephan Graf 67 N. 226
Vogel, Hans-Heinrich 33 N. 82
Voigt, Alfred 15 N. 20, 20 N. 36, 52 N. 170
Vonlanthen, Albert 34 N. 85
Vossler, Otto 52 N. 171

Walter, Robert 36 N. 94
Weiss, Antonia Ruth 54 N. 177
Wandersleb, Hermann 48 N. 154
Weber, Max 21, 22 mit NN. 47 u. 48, 23 NN. 49 u. 50, 24 mit N. 51, 32 N. 82, 36 N. 95, 45 N. 142, 48
Weber, Werner 86 mit N. 313
Wedel, Henning von 75 N. 262
Wehrhahn, Herbert 27 N. 66
Weinkauff, Hermann 38 N. 100
Weischedel, Wilhelm 38 N. 100, 40 NN. 108 u. 110, 42 N. 121, 64 N. 215
Welcker, Carl Theodor 45 mit N. 143, 50 N. 161

Welzel, Hans 29 N. 75, 34 N. 84, 35 N. 90, 37 N. 96, 38 N. 102, 40 N. 110, 41 N. 113, 44 N. 136, 45 N. 142
Wieacker, Franz 19 N. 36, 27 N. 67, 29 N. 75, 38 N. 100, 59 N. 196
Wienholtz, Ekkehard 86 N. 314
Wildhaber, Luzius 89 N. 332
Wilke, Helmut 63 N. 211
Willms, Bernard 36 N. 93
Wilpert, Paul 26 N. 61
Wimmer, Norbert 60 N. 198
Winckelmann, Johannes 11 N. 2, 22 N. 48, 45 N. 142
Wolf, Erik 33 N. 83, 39 N. 106
Wolff, Christian 14 N. 17, 21 N. 55
Wolzendorff, Kurt 50 N. 161
Wright, Georg Henrik von 32 N. 82
Würtenberger jun., Thomas 11 N. 1, 38 N. 100
Wundt, Max 14 N. 17

Xenophon 12 N. 4

Zeidler, Karl 48 N. 156, 67 N. 227
Zeiller, Franz Edler von 55 mit N. 180
Zippelius, Reinhold 23 N. 49, 36 N. 95
Zorn, Philipp 50 N. 161
Zweig, Egon 49 N. 158, 52 N. 171

Printed by Libri Plureos GmbH
in Hamburg, Germany